MENSCHLICHKEIT UND FRIEDEN

RUNDBRIEF-AUSGABE NR. 116
JAHRBUCH 2024 FÜR DIE FREUNDE VON ALBERT SCHWEITZER

Ansprache in Oslo

Menschlichkeit
und
Frieden

JAHRBUCH 2024 FÜR DIE FREUNDE VON ALBERT SCHWEITZER

RUNDBRIEF-AUSGABE NR. 116 DES DEUTSCHEN HILFSVEREINS FÜR DAS ALBERT-SCHWEITZER-SPITAL IN LAMBARENE E.V., OFFENBACH AM MAIN HERAUSGEGEBEN VON DR. ROLAND WOLF, JUNI 2024

Mit einem Vorwort von Roland Wolf; Textbeiträge von Martin Groß, Edzard Krückeberg, Daniel Neuhoff, Konstanze Schiedeck, Gottfried Schüz, Albert Schweitzer, Roland Wolf, Igor Wroblewski, Christoph Wyss.

Inhalt

ALBERT-SCHWEITZER-RUNDBRIEF NR. 116
JAHRBUCH 2024 FÜR DIE FREUNDE VON ALBERT SCHWEITZER

Roland Wolf

Einleitendes Vorwort

Vor 70 Jahren, im November 1954, nahm Albert Schweitzer in Oslo den Friedensnobelpreis entgegen, der ihm 1953 rückwirkend für das Jahr 1952 zuerkannt worden war. Als Gegenstand seiner Rede wählt er *„Das Problem des Friedens in der heutigen Welt“*. Eine wichtige Rede, die wir hier noch einmal im Wortlaut abdrucken.

Auch wenn die öffentlichkeitswirksame Nobelpreisverleihung in Oslo als Höhepunkt des Jahres bezeichnet werden kann, so waren die Monate davor reich an Aktivitäten und Ereignissen, auf die Roland Wolf in seinem Beitrag über das ereignisreiche Jahr 1954 zurückblickt.

Wer muss bei der Lektüre von Schweitzers Friedensrede nicht unwillkürlich an die von kriegerischen Auseinandersetzungen geprägte Aktualität unserer Zeit denken, vor allem an den Krieg in der Ukraine? In seinem Beitrag fragt Gottfried Schüz, ob Vaterlandsliebe ein Friedenshindernis sei, und untersucht, inwieweit sich Schweitzers Ethik der Ehrfurcht vor dem Leben mit dem Einsatz von Waffen zur Verteidigung des Vaterlandes vereinbaren lässt.

Erinnern wir uns: In seinem Werk *„Kultur und Ethik“* hatte Schweitzer schon 1923 den Nationalismus als Grund für den Verfall der Kultur bezeichnet, dabei aber deutlich zwischen Nationalismus und Patriotismus als Vaterlandsliebe unterschieden. *„Was ist Nationalismus? Der unedle und ins Sinnlose gesteigerte Patriotismus, der sich zum edlen und gesunden wie die Wahnidee zur normalen Überzeugung verhält“.*

Wie immer bildet das Spital in Lambarene in seiner Geschichte und seiner Aktualität einen Schwerpunkt des Rundbriefs. Ein historischer Rückblick muss dabei auch der Tatsache Rechnung tragen, dass Albert Schweitzer sein Spital in Lambarene nicht ohne eine große Zahl aufopferungsvoller Mitarbeiterinnen und Mitarbeiter hätte bauen und führen können. Darunter befanden sich einige starke Frauenpersönlichkeiten, die ihm in Lambarene zur Seite standen oder mehr aus der Ferne für ihn wirkten. Nach den Porträts von Mathilde Kottmann, Emma Haussknecht, Ali Silver und Edith Fischer stellt Konstanze Schiedeck nun Emmy Martin vor, die vom Schweitzer-Haus in Günsbach aus die personelle und materielle Unterstützung des Spitals organisierte. Sie kann mit Fug und Recht als die engste Mitarbeiterin Schweitzers bezeichnet werden, und keiner Person mit Ausnahme seiner Frau Helene öffnete sich Schweitzer in seinen Briefen so persönlich und unverstellt.

Eine ihrer Nachfolgerinnen in Günsbach war Sonia Poteau, die in den 1950er Jahren als Hebamme in Lambarene gearbeitet hatte. Am letzten Tag des Jahres 2023 ist sie im Alter von 94 Jahren gestorben. An eine der letzten Zeitzeuginnen von Schweitzers Tätigkeit erinnert Christoph Wyss in seinem persönlichen Nachruf.

Zum Abschluss seiner 2011 begonnenen Reihe *„Vor 100 Jahren"* berichtet Roland Wolf über das Jahr 1924, in dem Schweitzer nach siebenjähriger Unterbrechung ohne Frau und Tochter nach Lambarene zurückkehrte und das stark beschädigte Krankenhaus wieder aufbaute. Von da an berichtete Schweitzer selbst in seinen *„Briefen aus Lambarene 1924 bis 1927"* und den *„Briefen aus dem Lambarene-Spital"* (1930-1954) ausführlich über die Aktivitäten in seinem Krankenhaus.

Der Deutsche Hilfsverein (DHV) ist derzeit der einzige verbliebene Schweitzer-Verein, der die Unterstützung des Spitals im Namen führt. Die Unterstützung findet in Form von Projekten statt, deren aktueller Stand von Zeit zu Zeit überprüft werden muss, am besten durch eine Präsenz vor Ort. Aus diesem Grund waren die beiden Vorstandsmitglieder Daniel Neuhoff und Roland Wolf im Februar in Lambarene und berichten über ihren Aufenthalt.

Auch für andere, vorwiegend touristische Besucher ist Lambarene immer noch ein beliebtes Reiseziel. Wie Roland Wolfs Beitrag über die Historische Zone zeigt, wurde das in ein Museum umgewandelte ehemalige Spital Schweitzers im vergangenen Jahr von Menschen aus 50 verschiedenen Ländern besucht.

In letzter Zeit sind zwei Bücher über Schweitzer erschienen, die auf diesen Seiten besprochen werden: ein lesenswertes und für eine Erstbeschäftigung sehr geeignetes Albert-Schweitzer-Porträt von Frank Ackermann und Klaus Stoevesandts Darstellung der weithin unbekannten Aktivitäten einiger Mitarbeiter

Schweitzers, die in Frankreich Widerstand gegen die nationalsozialistische Diktatur leisteten.

Und schließlich soll auch an den Bachkenner und Orgelinterpreten Schweitzer erinnert werden durch ein ungewöhnliches Konzert in Poppenhausen bei Fulda, ein *„Orgel-Wanderkonzert"*, über das Edzard Krückeberg berichtet.

Mit herzlichen Grüßen,
Ihr
Roland Wolf

Menschlichkeit und Frieden

Der Fackelzug der Studenten in Oslo 1954

Albert Schweitzer

Das Problem des Friedens in der heutigen Welt

Rede bei der Entgegennahme des Nobel-Friedenspreises in Oslo am 04. November 1954[1]

Als Gegenstand des Vortrags, den zu halten mir als Empfänger des Nobel-Friedenspreises obliegt, habe ich das Problem des Friedens gewählt, wie es sich in der heutigen Zeit stellt. Ich glaube damit im Sinne des hochherzigen Stifters zu handeln, der sich eingehend mit dem Problem beschäftigte, wie es zu seiner Zeit bestand, und von seiner Stiftung erwartete, daß sie das Nachdenken über die Möglichkeit, die Sache des Friedens zu fördern, wach erhalte.

Seinen Ausgang nehme mein Vortrag von einer Darlegung der Situation, wie sie auf Grund der beiden hinter uns liegenden Kriege gegeben ist.

Die Staatsmänner, die in den auf die beiden Kriege folgenden Verhandlungen die heutige Welt gestalteten, hatten keine glückliche Hand. Sie gingen nicht darauf aus, Zustände zu schaffen, die die Möglichkeit einer einigermaßen gedeihlichen Zukunft in sich trügen, sondern waren vor allem damit beschäftigt, die Konsequenzen aus der Tatsache des Sieges zu ziehen und festzulegen. Auch wenn sie eine bessere Einsicht besessen hätten, hätten sie sich von ihr nicht leiten lassen dürfen. Sie hatten sich als Vollstrecker des Willens der Siegervölker zu betrachten. Erwägungen über eine gerechte und zweckmäßige Gestaltung der Dinge durften sie nicht Raum geben. Sie hatten genug damit zu tun, zu verhindern, daß nicht das Übelste, was als Forderung des siegreichen Volkswillens auftrat, Tatsache würde. Auch darum hatten sie sich zu bemühen, daß sich die Sieger, dort wo ihre Ansichten und Interessen auseinandergingen, gegenseitig die erforderlichen Zugeständnisse machten.

Das Unhaltbare der Situation, wie es nun nicht nur die Besiegten, sondern auch die Sieger zu erfahren bekommen, hat seinen eigentlichen Grund darin, daß man dem geschichtlich

Gegebenen und damit der Gerechtigkeit und Zweckmäßigkeit nicht die gebührende Geltung zugestand.

Das geschichtliche Problem Europas ist in der Tatsache gegeben, daß in früheren Jahrhunderten, vor allem von der sogenannten Völkerwanderung an, Völker aus dem Osten fort und fort nach dem Westen und dem Südwesten vordrangen und mit wechselndem Erfolg Land in Besitz nahmen. So kommt es zu einem Zusammenwohnen später zugezogener mit früher eingewanderten Völkern.

Im Laufe der Jahrhunderte findet dann teilweise eine Verschmelzung dieser Völker statt. Es grenzen sich neue, einigermaßen einheitliche Staatengebilde gegeneinander ab. Durch diese Entwicklung wird für den westlichen und mittleren Teil Europas ein in der Hauptsache definitiver Zustand erreicht. Dieser Prozeß findet im 19. Jahrhundert seinen Abschluß.

Im Osten und Südosten ist diese Entwicklung nicht so weit gediehen. Hier blieb es bei einem Zusammenwohnen von nicht miteinander verschmelzenden Völkerschaften. Jede kann ein relatives Recht auf den Boden für sich in Anspruch nehmen. Die eine kann dafür anführen, die älteste oder zahlreichste Bewohnerin zu sein, die andere die Verdienste, die sie sich um die Entwicklung des Landes erworben hat. Die einzige praktische Lösung wäre gewesen, daß die beiden Elemente dazu gekommen wären, nach einem sich ausbildenden, für beide annehmbaren Abkommen miteinander auf demselben Boden in einem gemeinsamen Staatswesen zu leben. Diesen Zustand hätten sie aber vor dem zweiten Drittel des 19. Jahrhunders erreichen müssen. Denn von da an beginnt eine immerfort sich verstärkende, folgenschwere Ausbildung des nationalen Selbstbewusstsein. Dieses erlaubt es den Völkern nicht mehr, sich von den geschichtlichen Tatsachen und von der Vernunft führen zu lassen.

So hatte der erste Weltkrieg seine Ursache in den im östlichen und südöstlichen Europa gegebenen Verhältnissen. In der Neuordnung, wie sie sich nach den beiden Weltkriegen ergab, ist dann weiterhin Stoff zu einem künftigen Krieg enthalten geblieben.

Stoff zu künftigen Kriegen bleibt da erhalten, wo bei einer Neugestaltung der Verhältnisse nach einem Kriege nicht das geschichtlich Gegebene in Betracht gezogen und eine im Sinne desselben sachliche und gerechte Lösung erstrebt wird. Denn nur diese kann die Gewähr des Dauerhaften in sich tragen.

Über das geschichtlich Gegebene setzt man sich hinweg, wenn man in dem Falle, wo zwei Völker miteinander geschichtliches Recht auf ein Land haben, nur das des einen anerkennt. Die Rechtstitel, die solche Völker in strittigen Gebieten in Europa für den Besitz des Landes geltend machen können, sind immer nur relative. Beide sind sie ja erst zu geschichtlicher Zeit eingewandert.

Einer Außerachtlassung des geschichtlich Gegebenen macht man sich auch schuldig, wenn man bei der Abgrenzung von neugeschaffenen Staatsgebilden den wirtschaftlichen Tatsachen nicht ihr Recht läßt. Diesen Fehler begeht man, wenn man eine Grenze in der Art festlegt, daß durch sie ein Hafen sein ihm natürlich zugehöriges Hinterland verliert oder daß eine Scheidewand zwischen dem Gebiete der Hervorbringung von Rohprodukten und dem für ihre Verarbeitung tauglichen und eingerichteten Orte aufgerichtet wird. Durch solch ein Verfahren entstehen Staatengebilde, die nicht in der erforderten Weise wirtschaftlich lebensfähig sind.

In schlimmster Weise vergeht man sich gegen das Recht des geschichtlich Gegebenen, und überhaupt gegen jedes menschliche Recht, wenn man Völkerschaften das Recht auf das Land, das sie bewohnen, in der Art nimmt, daß man sie zwingt, sich anderswo anzusiedeln. Daß sich die Siegermächte am Ende des zweiten Weltkrieges dazu entschlossen, vielen Hunderttausend Menschen dieses Schicksal, und dazu noch in der härtesten Weise, aufzuerlegen, läßt ermessen, wie wenig sie sich der ihnen gestellten Aufgabe einer gedeihlichen und einigermaßen gerechten Neuordnung der Dinge bewußt wurden.

Überaus bezeichnend für die Lage, in der wir uns nach dem zweiten Weltkrieg befinden, ist, daß auf ihn kein Friedensschluß folgte. Nur in Abkommen, die den Charakter von Waffenstillständen hatten, kam er zu Ende. Weil wir einer auch nur einigermaßen befriedigenden Neuregelung der Dinge nicht fähig sind, müssen wir uns mit solchen von Fall zu Fall geschlossenen Waffenstillständen, von denen niemand weiß, was aus ihnen wird, zufrieden geben.

* * *

Dies die Lage, in der wir uns befinden.

Wie nun stellt sich uns das Problem des Friedens?

Es ist insoweit von besonderer Art, als der Krieg, wie er heute vor sich ginge, etwas anderes ist als der frühere. Er wird mit ungleich größeren Mitteln des Tötens und Zerstörens als jener, und ist also ein größeres Übel als er je gewesen ist.

Früher konnte er als ein Übel angesehen werden, das als dem Fortschritt dienlich, vielleicht gar für ihn notwendig, hinzunehmen sei. Die Ansicht durfte sich hören lassen, daß durch ihn die tüchtigeren Völker sich gegen die weniger tüchtigen durchsetzten und den Gang der Geschichte bestimmten.

Dafür läßt sich zum Beispiel anführen, daß durch den Sieg des Cyrus über Babylon ein Weltreich mit einer überlegenen Kultur im vorderen Orient entstand und daß dann wiederum der Sieg Alexanders des Großen über die Perser der griechischen Kultur den Weg durch die Länder vom Nil bis zum Indus bahnte. Umgekehrt ereignete sich aber auch als Folge eines Krieges, daß eine höhere Kultur durch eine weniger hohe verdrängt wurde. Dies geschah, als die Araber im Verlaufe des 7. und zu Beginn des 8. Jahrhunderts die Herren von Persien, Kleinasien, Palästina, Nordafrika und Spanien wurden, wo bisher die griechisch-römische Kultur geherrscht hatte.

Es verhält sich mit dem Kriege also wohl so, daß er sowohl für den Fortschritt als auch gegen ihn arbeiten kann.

Für den modernen Krieg jedoch kann noch mit weniger Zuversicht angenommen werden, daß durch ihn ein Fortschritt zustande kommt. Was er heute als Übel bedeutet, fällt viel schwerer ins Gewicht als früher.

Merkwürdig ist, daß man die Tatsache der großen Machtmittel, mit denen er nunmehr geführt wird, am Ende des 19. und am Anfang des 20. Jahrhunderts günstig werten zu können glaubte. Man wollte daraus folgern, daß die Entscheidung viel schneller als in früheren Zeiten herbeigeführt werde und man also mit ganz kurzen Kriegen zu rechnen habe. Das wurde als selbstverständlich angesehen.

Das Übel des Krieges glaubte man damals auch deshalb als relativ gering einschätzen zu können, weil man mit einer fortschreitenden Humanisierung der Kriegführung rechnete. Ausgangspunkt zu dieser Annahme waren die Verpflichtungen, welche die Völker auf Grund der Bemühungen des Roten Kreuzes in der Genfer Konvention von 1864 auf sich genommen hatten. Sie garantierten einander die Pflege der Verwundeten und die humane Behandlung der Kriegsgefangenen. In Aussicht genommen wurde auch weitgehende Rücksicht auf die Zivilbevölkerung. Damit war Bedeutendes erreicht, das in den folgenden Kriegen Hunderttausenden zugute kommen sollte. Aber in Ansehung des mit den neuzeitlichen Mitteln des Tötens und Zerstörens so maßlos gewordenen Übels des Krieges war es so wenig, daß von einer Humanisierung eigentlich nicht die Rede sein konnte.

Miteinander erlaubten die Theorie der Kürze eines kommenden Krieges und die seiner weitgehenden Humanisierung, daß man ihn, als er 1914 Tatsache wurde, im allgemeinen nicht so schwer nahm, wie es hätte der Fall sein sollen. Man betrachtete ihn als ein die politische Luft reinigendes Gewitter und hoffte, er werde dem Wettrüsten, das die Völker in Schulden gestürzt hatte, ein Ende setzen.

Neben leichtfertigen Äußerungen, in denen er um irgendeines erwarteten Vorteils willen gutgeheißen wurde, hörte man auch die ernstere und edlere, daß er der letzte Krieg sein müsse und sein werde. In der Überzeugung, für das Anbrechen einer Zeit ohne Kriege zu kämpfen, sind damals viele brave Soldaten ins Feld gezogen.

In diesem und in dem 1939 ausbrechenden Krieg erwiesen sich die beiden Theorien als völlig unzutreffend. In beiden wurde Jahre hindurch in inhumanster Weise gekämpft und zerstört. Eine Steigerung des Übels fand noch dadurch statt, daß nicht zwei einzelne Völker, wie im Kriege 1870, gegeneinander angingen, sondern zwei große Gruppen von Völkern. So wurde ein großer Teil der Menschheit davon betroffen.

Weil offenbar ist, ein wie furchtbares Übel ein Krieg in unserer Zeit ist, darf nichts unversucht bleiben, ihn zu verhindern. Insbesondere muß dies noch aus einem ethischen Grunde geschehen. Wir haben uns in den beiden letzten Kriegen grausiger Unmenschlichkeit schuldig gemacht und würden es in einem kommenden noch weiter tun. Dies darf nicht sein.

Wagen wir die Dinge zu sehen, wie sie sind. Es hat sich ereignet, daß der Mensch ein Übermensch geworden ist. Sein Übermenschentum besteht darin, daß er auf Grund seiner Errungenschaften des Wissens und Könnens nicht nur über die in seinem Körper gegebenen physischen Kräfte verfügt, sondern auch solchen, die in der Natur vorhanden sind, gebietet und sie in Dienst nehmen kann. Als Mensch konnte er zum Töten auf Entfernung nur die körperliche Kraft verwenden, mit der er den Bogen spannte, um mit ihm den Pfeil zu verschicken. Als Übermensch kommt er dazu, sich die Energie, die bei der raschen Verbrennung eines gewissen Gemisches von chemischen Stoffen frei wird, durch eine dazu erfundene Vorrichtung zunutze zu machen. Dies erlaubt ihm, von einem viel wirksameren Geschoß Gebrauch zu machen und es auf eine viel größere Entfernung zu versenden.

Der Übermensch leidet aber an einer verhängisvollen geistigen Unvollkommenheit. Er bringt die übermenschliche Vernünftigkeit, die dem Besitz übermenschlicher Macht entsprechen sollte, nicht auf. Dieser bedürfte er, um von der von ihm errungenen Macht nur zu Verwirklichung des Sinnvollen und Guten, nicht auch zum Töten und Vernichten Gebrauch zu machen. Darum sind ihm die Errungenschaften des Wissens und Könnens mehr zum Verhängnis als zum Gewinn geworden. Bezeichnend ist in dieser Hinsicht, daß sich ihm die erste große Entdeckung, die Verwendung der bei rascher Verbrennung entstehenden Explosionskraft, zunächst nur als Mittel zum Töten auf Entfernung anbot.

Die Eroberung der Luft durch den Verbrennungsmotor bedeutete eine große Errungenschaft. Alsbald wird von ihr als einer Möglichkeit zum Töten und Zerstören aus der Höhe Gebrauch gemacht. Damit wird nun vollends offenbar, was man sich vorher nicht recht eingestehen wollte, daß der Übermensch mit dem Zunehmen seiner Macht zugleich immer mehr zum armseligen Menschen wird. Um der Vernichtung aus der Höhe nicht völlig ausgeliefert zu sein, muß er sich, gleich dem Getier des Feldes, in der Erde verkriechen. Zugleich muß er sich darein ergeben, daß nun eine bisher unvorstellbare Vernichtung von Werten statthaben wird.

Schließlich ergibt sich als weitere Entdeckung die Kenntnis der bei der Auflösung des Atoms frei werdenden ungeheuren Kräfte und ihrer Verwendbarkeit. Nach einiger Zeit stellt sich dann aber heraus, daß die Zerstörungsgewalt einer vervollkommneten Bombe dieser Art ins Unberechenbare geht und daß bereits ins Große gehende Versuche mit ihr zu Katastrophen führen können, die die Existenz der Menschheit in Frage stellen. Nun erst tut sich das Grauenvolle unserer Existenz ganz vor uns auf, und die Frage, was aus uns werden soll, stellt sich uns unabweisbar.

Was uns aber eigentlich zu Bewußtsein kommen sollte und schon lange zuvor hätte kommen sollen, ist dies, daß wir als Übermenschen Unmenschen geworden sind. Wir haben es geschehen lassen, daß in den Kriegen Menschen in Menge – im zweiten Weltkrieg an die 20 Millionen – vernichtet wurden, daß durch Atombomben ganze Städte mit ihren Bewohnern zu nichts wurden, daß durch Brandbomben Menschen zu lodernden Fackeln wurden. Wir nahmen solche Geschehnisse in Radiosendungen und in Zeitungen zur Kenntnis und beurteilten sie danach, ob sie einen Erfolg der Völkergruppe, der wir zugehörten, oder unserer Gegner bedeuteten. Wenn wir uns eingestanden, daß dieses Geschehen aus einem unmenschlichen Tun bestehe, taten wir es mit dem Gedanken, daß wir durch die gegebene Tatsache des Krieges dazu verurteilt seien, es geschehen zu lassen. Indem wir uns so ohne weiteres in dieses Schicksal ergeben, machen wir uns der Unmenschlichkeit schuldig.
Die Erkenntnis, die uns heute not tut, ist die, daß wir miteinander der Unmenschlichkeit schuldig sind. Das furchtbare gemeinsame Erlebnis muß uns dazu aufrütteln, alles zu wollen und zu erhoffen, was eine Zeit heraufführen kann, in der Kriege nicht mehr sein werden.

Dieses Wollen und Hoffen kann nur noch darauf gehen, daß wir durch einen neuen Geist die höhere Vernünftigkeit erreichen, die uns von dem unseligen Gebrauch der uns zu Gebote stehenden Macht abhält.

Der erste, der es wagte, rein ethische Erwägungen gegen den Krieg geltend zu machen und eine durch ethisches Wollen geleitete höhere Vernünftigkeit zu fordern, war der große Humanist Erasmus von Rotterdam (1469-1539). Er tat es in seiner 1517 gedruckten lateinischen Schrift Querela Pacis (Klage des Friedens). In ihr läßt er den Frieden redend auftreten und Gehör verlangen.

Er fand auf seinem Wege wenig Nachfolger. Es galt als Utopie, von der Geltendmachung einer ethischen Notwendigkeit etwas für die Sache des Friedes zu erwarten. Dieser Ansicht ist sogar

Immanuel Kant (1724-1804). In seiner 1795 erschienenen Schrift *„Zum ewigen Frieden"* und in anderen Veröffentlichungen, in denen er auf die Frage des Friedens zu sprechen kommt, setzt er für dessen Verwirklichung sein Vertrauen nur darauf, daß ein Völkerrecht, nach dem eine internationale schiedsrichterliche Behörde in Streitfällen zwischen den Völkern entscheidet, immer größere Autorität erlangt. Diese soll sich allein auf die immer größere Ehrfurcht gründen, die man, aus rein praktischen Erwägungen, dem Rechte als solchem mit der Zeit entgegenbringen werde. Fort und fort betont Kant, daß man für die Idee eines Völkerbundes nicht ethische Gründe anführen solle, sondern sie als eine Sache des zu vervollkommnenden Rechts anzusehen habe. Er meint, daß die Vervollkommnung in einem wie von selbst kommenden Fortschritt statthaben werde. Seiner Ansicht nach wird die *„große Künstlerin Natur"* durch den Gang der geschichtlichen Dinge und durch die Not der Kriege die Menschen, wenn auch nur ganz allmählich, im Verlaufe einer sehr, sehr langen Zeit, dazu bringen, daß sie sich über ein den dauernden Frieden gewährleistendes Völkerrecht einigen werden.

Den Plan eines Völkerbundes mit schiedsrichterlichen Befugnissen hat mit einiger Klarheit zuerst Sully (1560-1641), der Freund und Minister König Heinrichs IV. von Frankreich, in seinen Memoiren entwickelt. In ausführlicher Weise wurde er dann im 18. Jahrhundert in drei Schriften des Abbé Castel de Saint-Pierre (1658-1743) behandelt, deren bedeutendste den Titel *„Projet de Pais perpétuelle entre les souverains Chrétiens"* führt. Kant hatte Kenntnis von den in ihnen vorgetragenen Gedanken. Wahrscheinlich verdankt er sie einer 1761 veröffentlichten Schrift von Jean Jacques Rousseau, in der dieser eine Zusammenfassung derselben bietet.

Heute sind wir in der Lage, aus Erfahrung über den Völkerbund in Genf und über die Organisation der Vereinten Nationen (UNO) reden zu können.

Institutionen dieser Art können Bedeutendes leisten, indem sie in entstehenden Streitigkeiten zu vermittel suchen, die Initiative zu Beschlüssen und zu gemeinsamen Unternehmungen der Nationen ergreifen und was dergleichen wertvolle, zeitgemäße Dienstleistungen mehr sind. Eine der größten Taten des Genfer Völkerbundes war 1922 die Schaffung eines internationale

Gültigkeit besitzenden Passes für die durch den Krieg staatenlos gewordenen Personen. In welcher Lage hätten sich diese befunden, wenn der Genfer Völkerbund, von Fridtjof Nansen angeregt, sich um diesen Ersatz-Paß nicht bemüht hätte! Wie wäre es den Flüchtlingen und Vertriebenen nach dem zweiten Weltkriege ergangen, wenn es die UNO nicht gegeben hätte, die sich ihrer annehmen konnte!

Aber den Zustand des Friedens herbeizuführen, haben diese beiden Institutionen nicht vermocht. Sie bemühten sich vergeblich darum, weil sie es in einer Welt unternehmen mußten, in der keine auf die Verwirklichung des Friedens gehende Gesinnung vorhanden war. Als juristische Institutionen konnten sie diese Gesinnung nicht schaffen. Dies vermag nur der ethische Geist. Kant hat sich geirrt, als er für das Friedensunternehmen ohne diesen ethischen Geist auskommen wollte. Der Weg, den er nicht beschreiten wollte, muß begangen werden.

Überdies steht uns ja die sehr, sehr lange Zeit, mit der er für die Hinbewegung auf den Frieden rechnet, gar nicht zur Verfügung. Die Kriege von heute sind Vernichtungskriege, nicht solche, wie er voraussetzte. Entscheidendes für die Sache des Friedens muß bald in Angriff genommen und geleistet werden. Auch hierzu ist allein der Geist fähig.

Kann aber der Geist wirklich ausrichten, was wir ihm in unserer Not zutrauen müssen?

Man darf von seiner Kraft nicht gering denken. Er ist es ja, der sich in der Geschichte der Menschheit betätigt. Er wirkt die Humanitätsgesinnung, aus der aller Fortschritt zur höheren Daseinsweise des Menschen kommt. In der Humanitätsgesinnung sind wir uns selber treu; in ihr sind wir fähig, schöpferisch zu sein. In der Gesinnung der Inhumanität sind wir uns selber untreu und damit allem Irren ausgeliefert.

Zu welcher Macht der Geist es bringen kann, ist im Verlaufe des 17. und 18. Jahrhunderts offenbar geworden. Er hat damals die Völker Europas, unter denen er auftrat, aus dem Mittelalter herausgeführt, indem er dem Aberglauben, den Hexenprozessen, der Folter und so mancher überlieferten Grausamkeit und Torheit ein Ende machte. An Stelle des Alten hat er ein Neues gesetzt, welches den, der dieses Geschehen verfolgt, immer wieder erstaunen läßt. Was wir an wahrer, innerlicher Kultur je besessen haben und noch davon besitzen, geht auf jenes Auftreten des Geistes zurück.

In der Folgezeit hat er dann an Kraft eingebüßt, hauptsächlich, weil er in der Welterkenntnis, wie sie sich aus der naturwissenschaftlichen Forschung ergab, sein ethisches Wesen nicht begründen konnte. Ein anderer Geist, der sich über den Weg auf dem die Menschheit vorankommen sollte, nicht klar war und nur niedrigere Ideale kannte, hat ihn abgelöst. Nun muß er, sollen wir nicht zugrunde gehen, wieder die Führung übernehmen. Wiederum hat er ein Wunder zu vollbringen, wie zu der Zeit, als er die europäischen Völker aus dem Mittelalter herausführte, und ein noch größeres als das damalige.

Der Geist ist nicht tot. Er lebt in der Verborgenheit. Daß er ohne eine seinem ethischen Wesen entsprechende, wissenschaftlich zu begründende Welterkenntnis sein mußte, hat er überwunden. Es ist ihm aufgegangen, daß er sich aus nichts anderem zu begründen hat als aus dem eigentlichen Wesen des Menschen. Die gewonnene Unabhängigkeit von der Welterkenntnis erweist sich ihm als ein Gewinn.

Weiter ist er zu der Einsicht gelangt, daß das Mitempfinden, in dem die Ethik wurzelt, seine rechte Tiefe und Weite nur hat, wenn es nicht einzig auf Menschen, sondern auf alle lebendigen Wesen geht. Neben die bisherige, der letzten Tiefe und Weite und Überzeugungskraft ermangelnde Ethik ist die der Ehrfurcht vor dem Leben getreten und findet Anerkennung.

Wir wagen wieder, uns an den ganzen Menschen, das heißt an sein Denken und sein Empfinden, zu wenden und ihn anzuhalten, Kenntnis von sich selber zu nehmen und sich selber treu zu sein. Wir wollen wieder unser Vertrauen in das, was in seinem Wesen liegt, setzen. Erfahrungen, die wir machen, bestärken uns darin.

Im Jahre 1950 erschien ein Buch unter dem Titel *„Dokumente der Menschlichkeit"*. Herausgeber waren Hochschullehrer der Göttinger Universität, die die furchtbare Massenaustreibung der Deutschen aus den Ostländern anno 1945 mitgemacht hatten. In schlichter Weise lassen sie darin Flüchtlinge erzählen, was sie in ihrer Not von Menschen, die den ihnen feindlich gesinnten Völkern angehörten und darum in Haß gegen sie hätten verfahren sollen, Gutes empfangen haben. Kaum je habe ich ein Buch mit solcher Ergriffenheit gelesen. Es kann denen, die den

Glauben an die Menschheit verloren haben, ihn zurückgeben.

Von dem, was in der Gesinnung der Einzelnen und damit in der der Völker zur Ausbildung gelangt, hängt das Kommen oder das Ausbleiben des Friedens ab. Dies gilt für unsere Zeit noch mehr als für eine frühere. Erasmus, Sully, der Abbé Castel de Sait Pierre und andere, die sich vordem mit der Sache des Friedens beschäftigten, hatten es nicht mit den Völkern, sondern deren Fürsten zu tun. Ihre Bemühungen zielten darauf, diese zu bewegen, eine übernationale Behörde mit schiedsrichterlichen Befugnissen zu schaffen, welche die entstehenden Streitigkeiten zu schlichten hätte. Als erster schaut, in seiner Schrift *„Zum ewigen Frieden“*, Kant auf die Zeit aus, wo die Völker sich selber regieren und es also selbst mit dem Problem der Erhaltung des Friedens zu tun haben werden. Er wertet dies als einen Fortschritt. Seiner Meinung nach werden sie sich mehr als die Fürsten zur Aufrechterhaltung des Friedens bewogen fühlen, weil sie es sind, die alle Übel des Krieges zu erleiden haben.

Gekommen ist nun die Zeit, wo die Regierenden sich als Vollstrecker des Volkswillens zu betrachten haben. Kants Ansicht von der natürlichen Friedensliebe des Volks hat sich aber nicht bewahrheitet. Als Wille einer Vielheit ist der Volkswille der Gefahr, unbeständig zu sein, durch Leidenschaftlichkeit von der rechten Vernünftigkeit abzukommen und des erforderten Verantwortungsbewußtseins zu ermangeln, nicht entgangen. Nationalismus übelster Art hat sich in beiden Kriegen betätigt und kann zur Zeit als das größte Hemmnis einer zwischen den Völkern sich anbahnenden Verständigung gelten.

Verdrängen läßt sich dieser Nationalismus nur dadurch, daß unter den Menschen wieder Humanitätsgesinnung aufkommt und sie ihrem Volke in natürlicher Weise und mit gediegenen Idealen angehören läßt.

Viel übler Nationalismus ist auch in der Welt draußen anzutreffen, insbesondere bei Völkern, die früher, in den Kolonien, unter der Bevormundung der Weißen lebten, neuerdings aber selbständig wurden. Hier besteht Gefahr, daß sie als einziges Ideal ihren naiven Nationalismus besitzen. Durch ihn ist in so manchen Gebieten der bisher in ihnen bestehende Frieden gefährdet.

Auch diese Völker können über ihren Nationalismus nur durch Humanitätsgesinnung hinauskommen. Wie aber soll diese Wandlung zustande kommen? Wenn der Geist in uns mächtig wird und

uns von der veräußerlichten Kultur zu der in der Humanitätsgesinnung gegebenen innerlichen zurückführt, wird er durch uns auch auf sie wirken. Alle Menschen, auch die primitiven und halbzivilisierten, tragen in ihrer Eigenschaft als mitempfindende Wesen die Fähigkeit zur Humanitätsgesinnung in sich. Sie ist in ihnen als ein Brennstoff gegeben, der darauf wartet, durch eine hinzukommende Flamme entzündet zu werden.
Bei einer Reihe von Völkern, die zu einer gewissen Kultur gelangt waren, ist die Idee, daß einmal ein Friedensreich kommen müsse, zur Ausbildung gelangt. In Palästina tritt sie zum erstenmal beim Propheten Amos im 8. Jahrhundert v. Chr. auf und lebt sich dann als Hoffnung auf ein Reich Gottes in der jüdischen und christlichen Religion aus. Sie gehört der Lehre an, die die großen Denker Chinas Lao Tse und Kung Tse im 6. Jahrhundert v. Chr., Mi Tse im 5., Meng Tse im 4. und ihre Schüler vertreten. Sie findet sich bei Tolstoi (1828-1910) und anderen europäischen Denkern. Man hat sie als eine Utopie angesehen. Heute aber liegen die Dinge so, daß sie irgendwie zur Wirklichkeit werden muß, wenn die Menschheit nicht untergehen soll.

* * *

Ich bin mir bewußt, in dem, was ich über das Problem des Friedens gesagt habe, nichts wesentlich Neues gebracht zu haben. Ich bekenne mich zu der Überzeugung, daß wir es nur dann lösen können, wenn wir den Krieg aus dem ethischen Grunde, weil er uns der Unmenschlichkeit schuldig werden läßt, verwerfen. Schon Erasmus von Rotterdam und einige nach ihm haben dies als die Wahrheit, die es einzusehen gilt, verkündet.

Das einzige, was ich für mich in Anspruch zu nehmen wage, ist, daß bei mir mit dieser Wahrheit die aus dem Denken kommende Gewißheit einhergeht, daß der Geist in unserer Zeit ethische Gesinnung zu schaffen vermag. Aus dieser Gewißheit verkünde ich diese Wahrheit, in der Hoffnung, dazu beizutragen, daß sie nicht als eine Wahrheit, die sich in Worten gut ausnimmt, aber für die Wirklichkeit nicht in Betracht kommt, beiseite gelegt wird. So manche Wahrheit ist lange oder ganz unwirksam geblieben, allein deshalb weil die Möglichkeit, daß sie Tatsache werden könne, nicht in Betracht gezogen wurde.
Nur in dem Maße, als durch den Geist eine Gesinnung des Frie-

dens in den Völkern aufkommt, können die für die Erhaltung des Friedens geschaffenen Institutionen leisten, was von ihnen verlangt und erhofft wird.

* * *

Noch aber leben wir in der Zeit der Friedlosigkeit. Noch müssen sich die einen Völker durch die anderen bedroht fühlen. Noch muß jedem das Recht zugestanden werden, sich mit den furchtbaren Mitteln, über die wir verfügen, zu seiner Selbstverteidigung bereit zu halten.

In dieser Zeit schauen wir aus nach einem ersten Zeichen des Wirkens jenes Geistes, dem wir uns anvertrauen müssen. Es kann in nichts anderem bestehen, als daß die Völker damit beginnen, das, was sie sich im letzten Krieg angetan haben, nach Möglichkeit wiedergutzumachen. Viele Tausende von Gefangenen und Deportierten warten darauf, daß sie endlich in die Heimat zurückkehren dürfen, ungerecht in der Fremde Verurteilte, daß sie freigesprochen werden, nicht zu reden von so vielen anderen Ungerechtigkeiten an Einzelnen, die wiedergutzumachen sind.

Im Namen aller derer, die sich um den Frieden bemühen, wage ich die Völker zu bitten, diesen ersten Schritt auf dem neuen Wege zu tun. Keines vergibt sich dabei etwas von seinem Ansehen, keines verliert dabei etwas von der Macht, die es zu seiner Selbsterhaltung für erforderlich hält.

Wird so mit der Liquidierung des hinter uns liegenden grausigen Krieges ein Anfang gemacht, dann kann etwas von Vertrauen zwischen den Völkern aufkommen. Vertrauen ist für alle Unternehmungen das große Betriebskapital, ohne welches kein nützliches Werk auskommen kann. Es schafft auf allen Gebieten die Bedingungen gedeihlichen Geschehens.

In der so geschaffenen Atmosphäre des Vertrauens kann dann die vernünftige Regelung der Probleme, wie sie durch die beiden Kriege gegeben sind, in Angriff genommen werden.

Ich glaube, hier den Gedanken und dem Hoffen von Millionen von Menschen, die in unseren Gegenden in der Angst um den Frieden leben, Ausdruck gegeben zu haben. Mögen meine Worte zu denen gelangen, die jenseits des Grabens in derselben

Angst leben wie wir, und in der Bedeutung, die sie haben wollen, aufgenommen werden.

Mögen die, welche die Geschicke der Völker in den Händen haben, darauf bedacht sein, alles zu vermeiden, was die Lage, in der wir uns befinden, noch schwieriger gestalten und uns noch weiter gefährden könnte, mögen sie das wunderbare Wort des Apostels Paulus beherzigen: *„So viel an euch liegt, habt mit allen Menschen Frieden."* Es gilt nicht nur den Einzelnen, sondern auch den Völkern. Mögen sie in dem Bemühen um die Erhaltung des Friedens miteinander bis an die äußerste Grenze des Möglichen gehen, daß dem Geiste zum Erstarken und zum Wirken Zeit gegeben bleibe!

1 Text in „alter" Rechtschreibung, erstmals veröffentlicht bei C. H. Beck'sche Verlagsbuchhandlung München 1954.

Helene und Albert Schweitzer beobachten den Fackelzug in Oslo

Roland Wolf

Vor 70 Jahren – das ereignisreiche Jahr 1954

Im Oktober 1953 war Schweitzer rückwirkend für das Jahr 1952 der Friedensnobelpreis verliehen worden. Die Freude in seiner elsässischen Heimat war groß gewesen, und man hatte dort gelassen zur Kenntnis genommen, dass in der Schlagzeile der großen norwegischen Abendzeitung Aftenposten Schweitzer als *„deutscher Theologe, Philosoph und Arzt“* bezeichnet wurde. Die französische Tageszeitung *„Le Monde“* hatte dazu am folgenden Tag geschrieben:

„Dieser sehr bedauernswerte Irrtum scheint von praktisch allen anderen am Morgen erscheinenden Tageszeitungen bestätigt zu werden, denn als Folge von seltsamer Unwissenheit vermeldet keine von ihnen in den langen Spalten, die sie der Biografie der Preisträger widmen, dass der Nobelpreisträger von 1952 Franzose ist. Die französische Botschaft in Norwegen hat offiziell gegen diesen ‚Irrtum‘ protestiert und beim Nobelpreis-Institut und beim Außenministerium um eine Richtigstellung gebeten.“

Dass Schweitzer durch den Versailler Vertrag nach dem Ersten Weltkrieg französischer Staatsbürger geworden war, stand außer Frage. Dennoch fanden einige Presseorgane nach der Veröffentlichung der Entscheidung des Nobel-Komitees in einer *„umstrittenen Staatsbürgerschaft“* Schweitzers ein gefundenes Fressen. Dazu schrieb die elsässische Zeitung *„Voix d'Alsace“* anlässlich Schweitzers 79. Geburtstag im Januar 1954:

„Wenn man im Ausland auf den Gedanken kommt, dass Dr. Albert Schweitzer ein Deutscher sein muss, dann sind die Franzosen selbst daran schuld (...). Das offizielle Frankreich hat Dr. Schweitzer erst kennen- und hoffentlich auch schätzengelernt, als er im Ausland – besonders in der Schweiz, in Deutschland, Holland, England, Schweden und in Amerika – schon seit Jahrzehnten als eine der bedeutendsten Persönlichkeiten unseres Jahrhunderts geehrt und gefeiert worden war. (...) Noch vor vier Jahren mussten seine elsässischen Freunde ihrem ‚Albert‘ die Geburtstagswünsche am Basler Sender überbringen. Welch eine Blamage für Frankreich. (...)

Dr. Albert Schweitzer ist Elsässer, Elsässer auf Grund seiner Herkunft, Elsässer auf Grund seiner Charaktereigenschaften, Elsässer durch sein erlittenes Schicksal, Elsässer durch seine Übernationalität, Elsässer durch sein Denken und Schaffen."

Und am Ende des Artikels zitiert die Zeitung einen Satz, den Schweitzer 1949 in Kaysersberg gesagt hatte:
„Die Verwirklichung meines Spitals in Lambarene ist in erster Linie dem elsässischen Dickschädel zu verdanken, der sich im afrikanischen Urwald durchgesetzt hat."

Zwei Tage nach diesem Loblied auf den Elsässer Schweitzer feierte dieser in Lambarene am 14. Januar seinen 79. Geburtstag. Aus Deutschland erhielt er einen gebundenen Sammelgruß von 197 Seiten und fünf Monate lang eine Verbandstoffsendung der Firma Hartmann. In seiner Antwort unterstreicht Schweitzer, dass man ihm kein Geld schicken, sondern das gesammelte Geld in Deutschland ausgeben solle, entweder für Medikamentenkäufe oder um dort Not zu lindern, z. B. bei der Unterstützung von Vertriebenen. In diesem Sinn schrieb er eine Woche nach seinem Geburtstag an der Frankfurter Oberbürgermeister Walter Kolb:

„Ich komme Sie bitten, mir einen Dienst zu leisten. Ich möchte fünfzigtausend Schwedische Kronen des Nobel-Friedenspreises einem Werke, das sich mit den Flüchtlingen vom Osten abgibt, zuwenden. Diese Summe sollte dazu bestimmt sein, ihnen bei ihrer Ankunft zum Nötigsten an Kleidung, Geschirr und dergleichen Gegenständen zu verhelfen, ohne Formalitäten (...) Das Einfachste wäre, dass ich Präsident Heuss in Bonn darum anginge. Aber das möchte ich nicht, da dieser mich einfach mit dem Vorstand der Organisation in Verbindung brächte und dann käme die Sache in die Presse, was mir recht unsympathisch wäre. So wage ich Sie zu fragen, ob Sie Verbindungsmann sein wollten und mir dadurch einen großen Dienst erweisen."

In diesem Schreiben kündigte er auch seinen Besuch in Frankfurt am 28. August an und wünschte sich als Goethepreisträger *„einen der älteren und bedeutendsten deutschen Naturwissenschaftler"*, da Goethe in seiner Art ein großer Naturforscher gewesen sei.

Kolb stimmte der Bitte zu, worauf Schweitzer umgehend antwortete:

„Hoffentlich ist mit Kleidern, Geschirr, Schuhen, Getüch den Vertriebenen gut gedient. Von meiner Internierung im ersten Krieg weiß ich, was für einen Wert ein Teller, eine Schüssel, Löffel, Gabel und Messer, Nadel, Faden, Fingerhut, Blecheimer besaßen." Und er fügte hinzu: *„Also der Presse nicht verraten. Ich möchte so, dass es stille um mich wird für die letzte Zeit meines Daseins."*

In Frankreich erschien am 14. Januar ein erster Brief der *„Französischen Albert-Schweitzer-Freunde"*, der im Jahr 1952 von Guy Barthélémy gegründeten Vereinigung. Und ebenfalls am 14. Januar gab die Post von Monaco mit einer Serie von vier Briefmarken die weltweit ersten Postwertzeichen über Schweitzer heraus. Und Fürst Rainier bekräftigt seine Verbundenheit mit Schweitzer durch die Spende einer neuen Einrichtung des Operationsaals.

In Lambarene baute Schweitzer derweil an dem im Jahr zuvor begonnenen Lepradorf. Der Friedensnobelpreis half ihm, Zement, Bauholz und Wellblech zu beschaffen. Die Behandlungshütte erhielt den Namen der am 27. Februar verstorbenen Baronin Greta Lagerfelt. Auf ihrem Gut hatte Schweitzer 1920 während seiner Gastvorlesungen an der Universität Uppsala einige Tage gewohnt. Später übernahm die Baronin den Vorsitz des Schwedischen Hilfsvereins und sammelte Geld für das Spital. Während Schweitzer täglich auf dem Bauplatz stand, sorgten zwei junge Ärzte und neun Pflegerinnen für den Betrieb des Krankenhauses.

Im März erhielt das Spital den ersten Röntgenapparat. Schweitzer hatte lange gezögert, dieser Anschaffung aber schließlich nach Diskussionen mit Dr. Percy zugestimmt. Die medizinische Notwendigkeit lag auf der Hand, denn ohne Röntgenaufnahmen war die Behandlung der Tuberkulosekranken nicht möglich. Hinzu kam ein wichtiger Grund, der allen Entscheidungen Schweitzers zugrunde lag: die Handhabung und Wartung des Geräts. Und das war durch die Kenntnisse Doktor Percys in Elektrotechnik und seine Fähigkeit, wenn notwendig auch Reparaturen am Gerät vorzunehmen, gegeben.

Am 1. März zündeten die USA auf einem Atoll der Marshall-Inseln im Pazifik die bisher stärkste Atombombe, was in der ganzen Welt Beunruhigung hervorrief. Ein Redakteur des Daily Herald bat den frischgebackenen Friedensnobelpreisträger

Schweitzer, seine Meinung zu diesem Thema in einem Artikel von 800 Worten darzulegen. Obwohl Schweitzer *„die letzten Reserven [s]einer Kraft für die wesentliche Arbeit aufbieten"* musste und sich *„nicht einmal einen normalen Nachtschlaf gönnen"* konnte, setzte er sich um Mitternacht hin, da es ihm wichtig schien, seine Ansichten mitzuteilen:

„Die Folgen der Wasserstoffexplosion bilden ein höchst beängstigendes Problem, doch eine Wissenschaftlerkonferenz ist meiner Ansicht nach nicht das geeignete Mittel, mit dem Problem fertig zu werden. Es gibt heute in der Welt zu viele Konferenzen, und es werden zu viele Beschlüsse gefasst. Erforderlich wäre, dass die Welt auf die Warnrufe der einzelnen Wissenschaftler hörte, die dieses furchtbare Problem verstehen. So könnte die Menschheit beeindruckt werden, Verständnis gewinnen und die Gefahr begreifen, in der sie sich befindet. (...)
Sehen Sie nur, welchen Einfluss Einstein besitzt, weil er seine Befürchtungen offen zum Ausdruck bringt. Die Wissenschaftler selbst, die alle in diesem Zusammenhang stehenden Fragen gründlich kennen, müssen zur Welt sprechen, möglichst viele von ihnen, und sie alle müssen der Menschheit die Wahrheit sagen in Wort und Schrift. Würden sie ihre Stimme erheben und würde jeder von ihnen den Drang verspüren, die furchtbare Wahrheit auszusprechen, dann würden sie Gehör finden, denn dann würde die Menschheit begreifen, dass es bitter ernst ist."

Am 27. April fand in Lambarene ein Ereignis statt, in dem Schweitzer *„ein Aufkommen neuer Zeiten für das Spital"* sah: An diesem Tag wurde die erste Blinddarm-Operation an einem schwarzen Patienten ausgeführt. Schweitzer konnte sich das bisherige Ausbleiben dieser Erkrankung nicht überzeugend erklären und vermutete eine Veränderung in der bisher fast ausschließlich vegetarischen Ernährungsweise der Eingeborenen.

Am 19. Mai schiffte Schweitzer sich nach Europa ein. Er wollte dort *„einigermaßen in Ruhe und Sammlung an Manuskripten (...) arbeiten und auch in das Chaos [s]einer Korrespondenz etwas Ordnung bringen"*. In seiner Abwesenheit, die bis zum Jahresende dauern sollte, übernahmen Emma Haussknecht und Dr. Percy die Bauarbeiten im Lepradorf.

Bei einem Halt des Schiffes in Lissabon griff Schweitzer das Thema der Wasserstoffbombe auf und richtete einen Appell an die Wissenschaftler der Welt, sich für die Einstellung der Experimente zu verwenden und erklärte, *„dass er die Entwicklung* *der Massenvernichtungswaffen wie der Wasserstoffbombe mit großer Besorgnis beobachte".*

Während Schweitzer noch auf dem Schiff reiste, wurde er am 31. Mai zusammen mit einigen anderen ausländischen Mitgliedern in die Friedensklasse des Ordens *„Pour le Mérite"* aufgenommen. Der 1842 von König Friedrich Wilhelm IV. gegründete Orden war nach dem Verbot durch die Nationalsozialisten 1950 von Theodor Heuss neugegründet worden und umfasste neben 30 deutschen auch 30 nicht stimmberechtigte ausländische Mitglieder. Bundespräsident Heuss war Schirmherr des Ordens und teilte Schweitzer am 4. Juni die Wahl in einem Schreiben mit.

Anfang Juni traf Schweitzer auf dem Weg nach Günsbach in Colmar ein. Eine Lokalzeitung schrieb:

„Die Colmarer bereiten ihrem Ehrenbürger Dr. Albert Schweitzer einen überaus herzlichen Empfang. Es war nicht das erste Mal, dass wir mit dabei sein durften, wenn Dr. Albert Schweitzer aus seinem Urwaldspital in Lambarene für kurze Monate zur Erholung und gleichzeitiger stiller, konzentrierter Arbeit in seine elsässische Heimat zurückkehrte, und wir ihn in seinem legendären Wetterhut, der seit seiner ersten Ausreise nach Afrika bis heute sein treuer und unzertrennlicher Begleiter geblieben ist, einem Abteil 3. Klasse des Lyoner Schnellzuges entsteigen sahen."

Die erwünschte Ruhe in Günsbach wurde immer wieder durch Besuche gestört. Fritz Behn, seit 1952 regelmäßiger Gast, fertigte im Sommer 54 lebensgroße Zeichnungen an und entwickelt die Idee zu einem Denkmal, das Albert Schweitzer beim Verfassen seiner Oslo-Rede zeigt. Erica Anderson filmte Schweitzer im Kreise seiner Familie für den von ihr geplanten Dokumentarfilm.

Schweitzer hatte sich zuerst dagegen gewehrt, dass ein Film über seine Tätigkeit in Lambarene gedreht wurde. Und auch die wenig erfolgreiche Verfilmung des Bühnenstücks *„Es ist Mitternacht, Doktor Schweitzer"* schien ihn in seiner Meinung zu bestätigen. Doch offensichtlich stimmte ihn die vertrauensvolle Zusammenarbeit mit der Fotografin und Filmemacherin Erica Anderson um. Er ließ sogar die Einschränkung fallen, dass der Film erst nach seinem Tod gezeigt werden sollte.

Anfang Juli war Schweitzer in Lindau am Bodensee. Dort trafen sich seit dem Jahr 1951 Nobelpreisträger zu einer jährlichen

Tagung. Das erste Treffen war den Bereichen der Medizin und Physiologie gewidmet, später kamen die anderen naturwissenschaftlichen Nobelpreisdisziplinen Chemie und Physik dazu, und es wurde ein jährlicher Wechsel der Hauptdisziplin festgelegt. 1954 wurde ein Organisationskomitee gegründet, dessen erster Präsident der dem schwedischen Königshaus angehörende Graf Lennart Bernadotte, Besitzer der Insel Mainau, war. Seit diesem Jahr wurden auch junge Wissenschaftler zur Tagung eingeladen.

Der vierte Nobelpreisträger-Kongress vom 30. Juni bis zum 1. Juli 1954 war turnusgemäß wieder der Medizin gewidmet. Schweitzer nahm an der Veranstaltung als Gast teil, doch seine Anwesenheit blieb alles andere als unbemerkt.

Schon im Zug – er reiste in der dritten Klasse im Eilzug aus Offenburg nach Lindau – musste er dem Zugschaffner eine Widmung in ein Buch schreiben. Und dann am Bahnhof wurde er von einem Blitzlichtgewitter der Fotografen empfangen. Als das nicht enden wollte, bemerkte Schweitzer: *„Ich zähle jetzt bis 17, und dann ist Schluss"*.
Wie immer hatte er seinen altertümlichen Reisekoffer dabei. Als ein Student sich anerbot, ihn zu tragen, lehnte Schweitzer ab und sagte: *„Ich habe gezählt, Sie sind auf dieser Reise schon der 117., der mir den Koffer tragen möchte, aber ich trage ihn schon selbst."*

Natürlich wollten die zahlreichen Journalisten etwas über die Tätigkeit des *„Urwalddoktors"* in Lambarene wissen, doch Schweitzer lehnte alle Bitten ab. Seine einzige Losung sei Schweigen, sagte er. Er werde daher weder über die Blumenzucht noch über die politische Lage etwas sagen. Er sei müde und müsse ausspannen. Bei seinem letzten Europaaufenthalt 1952 sei er fast daran zugrunde gegangen, dass er immer wieder improvisieren musste. Auch die Bitte der Tagungsleitung, einige Worte an die Wissenschaftler zu richten, schlug er aus, da er sich nur als Gast betrachtete.

Schweitzer stieg in einem Luxushotel in Bad Schachen ab, wo es einigen Personen gelang, ihn zu sprechen. Die Herausgeberin einer in Wien erscheinenden Zeitschrift schrieb nach ihrer Begegnung:

„Es ist Schmerz und Beglückung zugleich zu empfinden, dass ein Mensch wie Albert Schweitzer so hoch gewertet wird. Beglückend, weil es zeigt, dass Tausende richtigen Maßstab haben, schmerzlich,

weil die Art der Verehrung, ja der Anbetung, wie sie nunmehr, nach Jahren entbehrungsvollster Einsamkeit, diesem Mann zuteilwird, ihn körperlich und seelisch bis zur Erschöpfung beansprucht. Bei aller Ermüdung, er bleibt fröhlich und willig.“

Auf allen Reisen begleitete Schweitzer die Musik. Kurz nach seiner Ankunft besuchte er so am Abend ein Klavierkonzert, und am darauffolgenden Abend spielte er im engsten Kreis etwa eineinhalb Stunden lang auf der Orgel der Stephanskirche Werke von Bach, Mendelssohn und Widor.

Die Tagung ging am Donnerstagvormittag 1. Juli mit einem Vortrag von Prof. Adolf Butenandt zu Ende. Schweitzer setzte sich dabei nicht in die erste *„Honoratiorenreihe“*, sondern nahm im Zuhörerraum mitten unter den Studenten Platz.

Nach Ende der Tagung gab er im Konferenzzimmer des Theaters eine Autogrammstunde. Den Nachmittag verbrachte er im Hotel, wo er wieder einige Gäste empfing, unter anderen den Journalisten Waldemar Schweitzer von der Neuen Rheinzeitung in Düsseldorf.

Der Oberbürgermeister von Lindau war etwas in Verlegenheit, weil er nicht an ein Geschenk für Schweitzer gedacht hatte. Doch dank einer Spende der Spielbank konnte er ihm 500 DM für Lambarene überreichen.

Am Freitag, 2. Juli, fand ein Abschiedsempfang beim Ehrenprotektor der Tagung, Graf Bernadotte, auf der Insel Mainau statt. Schweitzer fuhr mit den anderen Preisträgern mit dem Dampfer von Lindau nach Mainau. Dort machte er mit Bernadottes Tochter Karin Cecilia einen Rundgang über die Insel.

Noch am gleichen Tag fuhr er weiter nach Schaffhausen, wo er als Ehrenpräsident der 1946 dort gegründeten Internationalen Bachgesellschaft die Orgel im Münster begutachtete *„und sich zur Orgelfrage äußerte“*, wie die Presse berichtete.

Am 28. Juli, dem Todestag von Johann Sebastian Bach, gab Schweitzer ein Orgelkonzert in St. Thomas in Straßburg. Er hatte diese Tradition im Jahre 1909 begründet, ein Jahr nach dem Einweihungskonzert der Silbermann-Orgel, und spielte zwischen 1909 und 1954 insgesamt fünfzehn Mal am 28. Juli. An diesem 28. Juli 1954 war der Erfolg so groß, dass das Konzert wie bereits drei Jahre zuvor am folgenden Tag wiederholt wurde. Es waren die letzten öffentlichen Konzerte Schweitzers.

Die Kollekte an den beiden Abenden ergab die Rekordsumme von 500.000 Francs, also 6.000 DM. Auf Wunsch Schweitzers wurden die Gelder für die Restaurierung der Silbermann-Orgel in St. Thomas verwendet.

Zurück in Günsbach arbeitete Schweitzer, soweit es die zahlreichen Besucher zuließen, an seiner Nobelpreisrede. In einem Brief an Theodor Heuss, dem er zu seiner Wiederwahl als Bundespräsident am 17. Juli gratulierte, bemerkte er:

„Viele Sorgen bereitet mir die Rede über das Problem des Friedens, die ich am 20 Oct[ober] in Oslo auf französisch zu halten habe."

Am 28. August, dem Geburtstag Goethes, war Schweitzer in Frankfurt. Auch dies war eine Tradition, seit ihm am 28. August 1928 in der Paulskirche der Goethe-Preis verliehen worden war. Der Tag im August 1954 erhielt eine besondere Note dadurch, dass das im Krieg zerstörte Goethe-Museum wiedereröffnet wurde. Ernst Beutler, Direktor des Freien Deutschen Hochstifts und des Goethe-Museums, hatte seinen Freund Albert Schweitzer im Juli dazu eingeladen:

„Da ich nun weiß, worüber ich sehr glücklich bin, dass Du sehr gerne am 28. August in Frankfurt bist, wäre es mir sehr viel wert, wenn du mich wissen ließest, ob Du am kommenden Geburtstag Goethes zu erwarten bist, streng vertraulich, nur mit einer Ausnahme: Ich weiß, dass es meinem sehr lieben Freunde, nämlich dem von mir hoch verehrten Dichter Hans Carossa, der größte Wunsch ist, Dir einmal begegnen zu dürfen. Du weißt, er ist Arzt wie Du und steht in seiner ganzen Art zu denken Dir sehr nahe. Er würde kommen, wenn er wüsste, dass du kommst."

Schweitzer antwortete nicht, weshalb Beutler sich noch einmal an ihn wandte:

„Auf meine beiden Anfragen vom 26. Januar und 19. Juli ob Du kommst, hast Du nicht geantwortet. Aber allen möglichen Leuten in der Welt hast Du erzählt, dass Du kommst. Nun bringt die ‚Frankfurter Allgemeine' heute folgende Notiz [Albert Schweitzer kommt ..., Anm. RW] Dadurch kommen wir in recht große Schwierigkeiten. Du ersiehst aus unserer Einladung, dass wir wegen der Menge unserer Mitglieder und um die Teilnehmer an der Feier zu steuern die Eröffnung auf zwei verschiedene Abende gelegt haben. Am Freitag, dem 27., abends 8.00 Uhr kommen

diejenigen Mitglieder, deren Familienname mit den Buchstaben „A" bis „K" beginnt, an Goethes Geburtstag diejenigen, deren Familienname mit den Buchstaben ‚L' bis ‚Z' anfängt.
Wenn jetzt durch die Zeitung bekannt wird, dass Du kommst, nehmen die Leute an, dass Du am Geburtstag kommen wirst und alle 1000 bis 2000 Mitglieder werden dann an dem Tage der Feier beiwohnen, an dem sie Dich erwarten. Und wir haben doch nur für 600 Menschen Platz!
Ich bitte Dich also jetzt auf das Herzlichste mich zu ermächtigen, in der Presse zu erklären, dass Du der Feier im Hochstift am 27. und 28. beiwohnst. Du kannst ja dann gleich wieder weggehen, wenn Du willst. Du brauchst ja das eine oder andere Mal nur hereinzugucken, nur Dich einmal zeigen. (...)
Aber bitte, mein Lieber und Verehrter, antworte mir umgehend. Mit der Popularität Deines Namens schmeißt Du mir die ganze Feier zusammen."

Schweitzer antwortete, er sei wegen seiner Gesundheit noch nicht fest entschlossen, hoffe aber zu kommen. Die Bitte Beutlers bezüglich der Presseerklärung lehnte er aber mit humorigen Worten ab:

„Dass ihr die Goethefeier zweimal geben würdet, konnte selbst ich, der doch vielen geschichtlichen Fragen mit guter Nase auf die Spur kam, nicht riechen. Ich bitte dich, mich nicht zu nötigen einzuwilligen, dass du in der Presse erklärst, dass ich am 27. und 28. bei der Feier zugegen sein werde! Da bekäme der Goethe eine Wut und ich auch eine. Der Goethe: weil die Frankfurter allein seinetwegen und nicht auch meinetwegen zur Feier strömen sollen. Ich: weil ich mich gar nicht verpflichtet fühle, der Presse immer Auskunft über das, was ich tun und lassen werde, zu geben oder geben zu lassen. Wenn du einen Einblick in mein schweres Dasein nimmst, wo die Menschen mir nicht erlauben zu ruhen, wo ich so müde bin, und die Presse fort und fort über mich orakelt, wirst du das begreifen. Also, wenn man dir Auskunft verlangt, in welche der beiden Veranstaltungen ich komme, so antworte wahrheitsgemäß, dass du es nicht weißt, da von deinem dickschädlichen, dir so lieben Freunde, darüber nichts zu erfahren ist. Meinst du ich will mir den Groll des Goethe zuziehen, weil ich mittue, als ob meine Anwesenheit der ihm geltenden Feier noch etwas hinzufügte! Du musst ihn ja kennen, den Olympier, und weißt, was ich bei ihm riskiere."

Trotz seiner Müdigkeit und der Befürchtung, dass seine Anwesenheit eine übergebührliche Aufmerksamkeit erfahren werde, leistete Schweitzer der Einladung Folge und kam an beiden Tagen ins Museum.

Ein Goethe-Preis wurde in diesem Jahr allerdings nicht verliehen, da seit 1952 eine Preisverleihung nur noch alle drei Jahre erfolgte. Insofern konnte Schweitzers Wunsch bezüglich des Preisträgers nicht erfüllt werden. Im folgenden Jahr wurde die Schriftstellerin Annette Kolb geehrt, erst vier Jahre später mit Carl Friedrich von Weizsäcker im Sinne Schweitzers ein Naturwissenschaftler.

Anfang September war Schweitzer zurück in Günsbach, wo er *„ein Chaos an Korrespondenz“* vorfand. Emmy Martin klagte:

„Seine Tür steht allen offen, sein Herz auch. Nur nicht für sich selber. Und man steht daneben und erlebt seine Verzweiflung, wenn abends nichts geleistet ist, und kann nichts tun. Seine Güte ist auch seine Last“.

Und einige Wochen später:

„Da sich der Doktor viel zu sehr diesen Sommer ausgegeben hat, ist es ihm nun schwer, sich so zu konzentrieren, (er wird natürlich auch jetzt noch oft gestört), dass die Beendigung der Rede [die Rede anlässlich der Überreichung des Nobelpreises, RW] nicht so rasch vor sich geht, wie er es gewünscht hat. Er tut einem so maßlos leid in seiner Müdigkeit. Sonst geht es ihm aber gut.“

Ende Oktober reiste Schweitzer nach Oslo, um die schon mehrfach verschobene Nobelpreisrede zu halten. In Basel hatte er den Zug bestiegen und war entgegen seiner Gewohnheit nicht in der dritten Klasse, sondern in der zweiten Klasse und im Schlafwagen gefahren, da ihn ursprünglich Helene und Rhena begleiten wollten. Da beide aber schließlich nicht mitfuhren, nahm Schweitzer die Schlafwagenplätze für sich und die mitreisenden Mitarbeiterinnen, darunter die von Helene ungeliebte Emmy Martin, in Anspruch.

Dem Schriftsteller Rolf Italiaander, der ihn einige Monate zuvor in Lambarene besucht hatte und nun für das *„Hamburger Abendblatt“* mit ihm sprach, erklärte er dazu bei seinem zweistündigen Aufenthalt in Hamburg:

„Das nächste Mal fahre ich wieder dritter Klasse, da kann ich im Sitzen wunderbar schlafen. In dem schönen Schlafwagenabteil kämpfte ich

mit der Technik. Ich fand nicht den Lichtschalter und wusste nicht, was ich mit dem schmutzigen Waschwasser anfangen sollte.“

In Kopenhagen hatte der Zug, in dem auch Schweitzers Verleger Felix Meiner mitreiste, einen kurzen Aufenthalt. Auch dort konnte Schweitzer der Aufmerksamkeit der Presse nicht entgehen und erklärte, dass er das Preisgeld von 147.000 Mark für den Kauf von Wellblech für das im Bau befindliche Lepradorf verwenden werde. Auf die Frage, ob er plane, sich eines Tages in Europa zur Ruhe zu setzen, antwortet er: *„Wenn Sie an meinem Begräbnis teilnehmen wollen, müssen Sie sich nach Afrika bemühen!“* Bei den Eingeborenen stehe man nicht in Ansehen, wenn man sie verlasse.

Am 2. November traf er in Oslo ein, wo eine tausendköpfige Menge ihn vor dem Bahnhof begeistert empfing. Die Stuttgarter Nachrichten schrieben:

„Der Arzt, Theologe, Musiker und Philosoph Albert Schweitzer traf am Dienstag in der norwegischen Hauptstadt ein, wo er den Friedens-Nobelpreis in Empfang nehmen wird, der ihm im vergangenen Jahr verliehen wurde. Der 79jährige Elsässer wurde von einer begeisterten Menschenmenge und verschiedenen Vertretern der Prominenz begrüßt, als er sonnenverbrannt und strahlend aus dem Zug kletterte. Er trug einen weiten, wallenden, schwarzen Mantel, einen schwarzen Hut und hielt seine schon fast legendäre altmodische Reisetasche in der Hand. Vertreter von Presse und Rundfunk drängten sich in noch nie dagewesener Zahl im Roten Salon des Grand Hotels, wo Albert Schweitzer bereitwillig Fragen über sein Wirken in Afrika und seine Gedanken über die Entwicklung der Welt in deutsch und französisch beantwortete. Fragen über die politische Entwicklung in Europa lehnte der Urwalddoktor aber ab.“

Dagegen äußerte er sich in der Pressekonferenz zum Problem der *„Rassenemanzipation“*, die er als *„schwierigen und schmerzhaften Prozess“* bezeichnete.

Die Veranstaltung mit der Preisrede fand im Festsaal der Osloer Universität statt. Für die Öffentlichkeit wurden nur 400 Eintrittskarten zur Verfügung gestellt, die nach einer halben Stunde schon vergriffen waren. Hunderte Personen, die sich trotz Kälte und Nebel schon in der Nacht angestellt hatten, blieben enttäuscht zurück.

Der Fackelzug der Studenten – Oslo 1954

Am 4. November nahm Schweitzer den 1953 rückwirkend für 1952 verliehenen Friedensnobelpreis im Empfang. Die mittlerweile auch in Oslo eingetroffene Helene saß neben ihm in der ersten Reihe, wechselte aber kein Wort mit ihm.

Als französischer Staatsbürger musste Schweitzer seine Rede zum Thema *„Das Problem des Friedens in der heutigen Welt"* in französischer Sprache halten. Das hatte die Aufgabe etwas erschwert, doch er hatte sich in den Monaten vor der Verleihung gründlich vorbereitet. Problematisch war dann allerdings, dass ihm die auf 80 Minuten geplante Redezeit auf 35 Minuten gekürzt wurde. In letzter Minute musste er so einen großen Teil zusammenstreichen, was dazu führte, dass er die Rede entgegen seiner üblichen Gewohnheit vom Blatt ablas. Helene Schweitzer Bresslaus Biografin Verena Mühlstein schreibt dazu:

„Dem Redner ist die Müdigkeit anzumerken; er spricht mit leiser monotoner Stimme, die gegen Ende schwächer und schwächer wird. Wer einen flammenden Friedensappell erwartet hatte, wird enttäuscht. Immer noch dem Historismus des 19. Jahrhunderts tief verbunden, behandelt er das Problem des Friedens in seiner historischen Entwicklung. In gedrängter Kürze, ohne rhetorischen Schmuck legt er seine Argumente dar; ruhig und nüchtern appelliert er mit vernünftigen Überlegungen an das Verantwortungsgefühl der Menschen. Und doch ist der Vortrag gerade durch seine Schlichtheit ein eindrucksvoller Aufruf zum Frieden."

Doch der Höhepunkt des Aufenthalts in Oslo kam erst danach beim Empfang zu Ehren Schweitzers im Rathaus. Davor hatten sich Tausende von Menschen, darunter viele Jugendliche, versammelt, um Schweitzer mit einem Fackelzug zu ehren.

Schon vor der Preisverleihung hatte die norwegische Zeitung *„Morgenbladet"* an ihre Leserinnen und Leser appelliert und sie aufgefordert, für das Spital in Lambarene zu spenden, Andere Zeitungen und der norwegische Rundfunk schlossen sich an. Innerhalb von wenigen Tagen kamen so 315.000 Kronen zusammen, mehr als doppelt so viel wie das Preisgeld.

Schweitzers Bekanntheit war auf dem Höhepunkt angelangt. Für ein breites Publikum trug dazu auch, zeitlich geschickt gewählt, vom 23. Oktober an die Veröffentlichung einer Schweitzer-Biografie bei in Form einer Artikelserie von Jean Pierhal mit dem Titel *„Albert Schweitzer. Das Leben eines guten Menschen“* in der Illustrierten *„Revue“*. Im Jahr darauf erschien die Serie von Pierhal, hinter dem sich der Schriftsteller Robert Jungk verbarg, mit großem Erfolg als Buch.

Für junge Leser war ebenfalls im Oktober das Büchlein *„Beim Oganga von Lambarene“* aus der Feder von Richard Kik, des rührigen Vorsitzenden des Freundeskreises von Albert Schweitzer, erschienen. In der kurzen Zeit bis Januar 1955 erlebt das Werk vier Auflagen mit 80.000 Exemplaren, wie der Verlag stolz mitteilte. Und auch Schweitzer lobte das Buch und schrieb an den Verfasser vom Schiff aus, als es an der Insel Las Palmas vorbeifuhr:

„Lieber Freund! Wo ich so müde bin, macht sich der Schreibkrampf doppelt bemerkbar. Ich bringe es fast nicht fertig, Buchstaben auch nur einigermaßen zu gestalten. Aber doch kann ich es mir nicht versagen, Dir zu schreiben, dass ich mit großer Freude ‚Beim Oganga‘ in Straßburg gelesen und nachher wieder gelesen habe. Du hast den rechten Ton getroffen, wie es für Knaben passt, und die Erzählungen schön ausgewählt und miteinander in Verbindung gebracht.“

Anfang Dezember hatte Schweitzer seinen Europa-Aufenthalt beendet, um nach Lambarene zurückzukehren, wo die Fertigstellung des Lepradorfs auf ihn wartete. Auf dem Colmarer Bahnhof wurde er vom Bürgermeister seiner Geburtsstadt Kaysersberg und einem engeren Freundeskreis verabschiedet und bestieg den Zug nach Bordeaux, wo er sich auf dem Dampfer *„Général Leclerc“* einschiffte.

Zur gleichen Zeit fand einige tausend Kilometer westlich ein Ereignis statt, von dem Schweitzer mit Freude erfahren haben dürfte: Am 11. Dezember wurde in Deschappelles in Haiti dem von Larimer und Gwen Mellon gegründeten Krankenhaus in einer feierlichen Zeremonie der offizielle Name *„Hôpital Albert Schweitzer“* verliehen. Nach Lambarene war es das zweite Krankenhaus, das diesen Namen trug.

Mit Schweitzer reisten seine langjährige Helferin Mathilde Kottmann und eine weitere Krankenpflegerin. Am 22. Dezember schreibt eine von ihnen nach Deutschland:

„Wir sind wieder in der afrikanischen Hitze und haben Mühe uns vorzustellen, dass Ihr daheim Weihnachten feiern werdet. Wir haben an Bord ein ganz kleines Tannenbäumchen, das uns Freunde gebracht

haben und mit dem wir feiern werden. Herrn Schweitzer geht es besser, seitdem er auf dem Schiff so viel ruhiger arbeiten kann und nicht mehr täglich ermüdende Besuche empfangen muss.“

Bei der Ankunft in Port-Gentil unterlief Schweitzer ein kleiner Unfall, als er an einem aus dem Boden ragenden Stück Holz hängen blieb und sich Zerrungen von Sehnen und Muskeln im rechten Knie zuzog. Nach der Ankunft in Lambarene am 30. Dezember benötigte er deshalb einige Zeit beim Gehen einen Stock.

Es war seine elfte Ankunft in Lambarene, kurz vor seinem 80. Geburtstag.

Gottfried Schüz

„Vaterlandsliebe" – ein Friedenshindernis?

Der steinige Weg zur Humanitätsgesinnung

Das Kernproblem, vor dem alle Friedensethik steht, lässt sich vielleicht so formulieren: Wie können sich Menschen aus der egozentrischen Be- und Gefangenheit in ihren vertrauten Lebensumkreis befreien, um zu einer völkerverbindenden Humanitätsgesinnung zu gelangen?

Nirgends trat Albert Schweitzer dieses Problem schärfer ins Bewusstsein als in der direkten Begegnung mit seinen afrikanischen Patienten in Lambarene:

„Einmal, gegen Abend, soll ein Verwundeter aus der Baracke in das Untersuchungszimmer gebracht werden. Ich bitte einen Mann, der neben seinem Feuer sitzt und dessen herzkranken Bruder ich pflege, an der Tragbahre mitanzufassen. Er tut, als höre er nicht. Ich wiederhole die Aufforderung etwas eindringlicher. Darauf antwortet er ruhig: ‚Nein. Der Mann auf der Tragbahre ist vom Stamm der Bakele. Ich aber bin Bapunu.'" [1]

Wir aufgeklärten Europäer dürften diese Antwort als bornierte und vorsintflutliche Rückständigkeit belächeln oder als völlig unverständlich abtun. Jedoch sollten wir nicht vergessen, dass diese auf den eigenen Stamm fixierte Gesinnung ihren kulturbedingten „Sitz im Leben" hat. Über Jahrhunderte, wenn nicht Jahrtausende war für die afrikanischen Ureinwohner die Bindung an die eigene Familie und darüber hinaus an den eigenen Stamm eine entscheidende Überlebensbedingung. Dem eigenen Stamm galt es, absolute Treue zu halten. Jegliche Rücksicht auf Angehörige eines fremden Stammes war ein Zeichen der Schwäche und konnte früher oder später existenzbedrohende Folgen nach sich ziehen.

Wer sich über solch eine Geisteshaltung mokiert, übersieht seine eigenen geschichtlichen Bedingtheiten und kulturellen Prägungen. Es war ein über Jahrhunderte sich erstreckender, schmerzhafter Prozess, in dem wir Deutsche uns aus der mittelalterlichen Stammesgesellschaft und Kleinstaaterei herausgearbeitet und zu einer Nation geeint hatten. Ein heillos sich bekriegendes Völkergemisch fand schließlich zu einer vernunftgeleiteten Koexistenz und nationalen Einheit zusammen.

Das im 19. Jahrhundert erstarkte Nationalbewusstsein, das sich Anfang des 20. Jahrhunderts zu einem fanatisierten Nationalismus und Patriotismus auswuchs, bot schließlich den Brennstoff für zwei Weltkriege, die maßgeblich von deutschem Boden ausgingen. Und als ob der Blutzoll, den wir europäischen Völker mit zig Millionen Toten und Vertriebenen entrichten mussten, nicht ausgereicht hätte, erstarkt der unselige Nationalismus in vielen europäischen Ländern und erneut leider auch bei uns Deutschen in weiten Teilen der Bevölkerung. Damit verbunden ist eine wachsende Fremdenfeindlichkeit, die sich von der eingangs zitierten *„primitiven"* Haltung des Afrikaners, Hilfe zu leisten, nicht wesentlich unterscheidet. Der Umgang mit Flüchtlingen, die aus Angst vor Krieg und Verfolgung über das Mittelmeer den Weg zu den Gestaden Europas suchen und dabei in Seenot geraten, ist vielfach nicht weniger beschämend.

Albert Schweitzer hatte es in seiner Osloer Friedensnobelpreis-Rede, wie sie oben abgedruckt ist, mit aller Deutlichkeit formuliert: *„Nationalismus übelster Art"* gilt *„als das größte Hemmnis einer zwischen den Völkern sich anbahnenden Verständigung."*[2]

Schon über dreißig Jahre zuvor hatte Schweitzer in seiner *„Kulturphilosophie“* (1923) Nationalismus und Patriotismus als entscheidendes Kultur- und Friedenshindernis angeprangert. Wie aber vermögen wir aus der allenthalben um sich greifenden Friedlosigkeit herauszukommen? Die hohe Politik und *„juristische Institutionen“* konnten dafür bislang jedenfalls nicht die dafür notwendigen Antriebskräfte freisetzen. Für Schweitzer liegt der entscheidende Motor für den Frieden in der *„Humanitätsgesinnung“* des Einzelnen; erst über die vielen einzelnen Menschen kann sie sich auch in den Völkern ausbilden. Aber ist eine solche Gesinnung nicht erst über eine hochstehende Bildung und Kultur zu vermitteln? Bedarf es hier nicht einer geistig wirkmächtigen *„Elite“*, die das jeweilige Volk dahin führen kann?

Einer solchen Einstellung widerspricht Schweitzer vehement: *„Alle Menschen“*, so betont er, *„tragen in ihrer Eigenschaft als mitempfindende Wesen die Fähigkeit zur Humanitätsgesinnung in sich.“*

In jedem Menschen liege der dafür erforderliche *„Brennstoff“* bereit; er müsse nur entzündet werden.[3]

Wie aber ist es zu bewerkstelligen, dass dieser Brennstoff entflammt? Wie kann es dazu kommen, dass die Menschen *‚Feuer und Flamme‘* werden für die Friedensidee und sich für sie aktiv einsetzen?

Dazu äußert sich Schweitzer sehr eingehend bei anderen Gelegenheiten. Vor allem seine Predigten bieten hierfür eine wahre Fundgrube. Daher möchte ich im Folgenden zur näheren Klärung dieser Frage auf verschiedene seiner Predigten, die dem Friedensthema gewidmet sind, zurückgreifen. Dabei wird zweierlei deutlich: Ohne *„inneren Frieden“* kann es keinen äußeren Frieden geben.

Zum anderen: Eine wohlverstandene *„Vaterlandsliebe“* steht einem Frieden zwischen den Völkern nicht zwangsläufig im Wege.

Vom *„inneren Frieden“* zum *„Vorposten des Reiches Gottes“*

In seiner Nachmittagspredigt vom 4.1.1903 führt Schweitzer aus:

„Zum Frieden gehört Friedfertigkeit, ... Friedfertigkeit in eurem Hause, dieses schöne, sanfte sich Dulden und Ertragen, ohne welche ja kein

wahres Glück möglich ist, Friedfertigkeit auch mit den andern, denen draußen, im großen wie im kleinen, daß euer Leben nicht verbittert werde durch Haß und Zorn.“ [4]

Diese Friedfertigkeit ist für Schweitzer allerdings nur ein bescheidener Anfang. Sie erschöpft sich nur allzu schnell in Selbstzufriedenheit und Passivität; sie ist lediglich ein *„fahler Widerschein des wahren, inneren Friedens“*. Als ob es genügte, selbstzufrieden die Hände in den Schoß zu legen, um zu warten, bis der innere Friede als Gnadengabe Gottes bei uns Einzug hielte.

In seiner Osterpredigt ein Jahr später macht es Schweitzer deutlicher: Diesen Frieden *„gibt es nicht umsonst“*. Dieser Friede ist *„kein Ausruhen, keine Zufriedenheit, nicht Abendfriede, sondern Sonnenaufgangsfriede, ein Friede des Lebens der Tat“*. [5]
Welche *„Tat“* oder welches Tun ist damit gemeint? Wir können es am besten von seinem nicht gemeinten Gegenteil her verstehen. Ein *„Tun“*, das sich in dieser unserer Alltagswelt darin ergeht, Glück, Freude und Erfolg zu erheischen, um darin ein *„Zufriedensein“* zu erlangen, führt in die Irre. Sie gibt dem *„inwendigen Menschen“*, so Schweitzer, *„gar nichts, diese Zufriedenheit: Sie läßt ihn arm“*. Stattdessen ist eine grundsätzliche Wendung in unserem Lebenswandel vonnöten. In religiöser Sicht wird dies für ihn aus der Gemeinschaft mit Jesus begreiflich. Schweitzers gesamte Theologie umkreist die Frage nach einem authentischen Jesusbild. Einem Jesus, der nicht in dogmatischen Glaubenssätzen sein Genüge findet. Worauf es einzig und allein ankomme, ist die Frage, inwieweit es uns gelingt, den in Jesus wirksamen ethischen Willen zu erkennen und zu diesem Willen in eine innige Beziehung zu treten. Jesu Geist und göttlicher Wille vermag über den geschichtlichen Graben hinweg den ethischen Willen in uns zu aktivieren und ein gemeinsames Wollen, eine Beziehung von Wille zu Wille im Sinne einer *„Willensgemeinschaft“* eigens zu stiften.

„Jesus mutet den Menschen nicht zu, dass sie in Worte und Begriffe fassen können, wer er ist. ... Als einziges verlangte er von den Menschen, dass sie in Tun und Leiden sich als solche bewähren, die durch ihn aus dem Sein wie die Welt in das Anderssein als die Welt hineingezwungen sind und dadurch seines Friedens teilhaftig werden.“ [6]

Nicht im *„Sein wie die Welt“*, sondern nur im *„Anderssein als die Welt“* kann uns dieser Friede aufleuchten. Nur wer, wie Christus, der Welt innerlich *„gestorben“* ist, kann *„‘in einem neuen Leben wandeln‘“*, wie es im Römerbrief 6,3f. heißt. Damit ist nicht erst unser *„leiblicher Tod“* gemeint. Einem *„Sein wie die Welt“* *„absterben“* bedeutet, *„über das Leben hinaus(zu)kommen“*, *„frei (zu) werden von dem Leben“*. Um auch hier wieder möglichen Missverständnissen vorzubeugen: Nicht von einem Leben *„frei“* werden, das wir in seiner Fülle, in der Schönheit und Größe der Schöpfung erstreben. Vielmehr müssen wir frei werden von einem *„Leben“* in egoistischer Selbstbezogenheit und Enge, das es zu überwinden gilt; von einem Leben, das sich in der Eindimensionalität von Bedürfnisbefriedigung und Konsum, Kontoauszügen und Aktienkursen verliert. Es geht einzig und allein darum, dass wir *„von dem Frieden Christi leben“*. Einem Frieden, der uns von unserer Gebundenheit und Verfallenheit an die Welt zu neuem Leben in Fülle befreit.

Der zu neuem Leben Befreite bleibt von der *„gewaltigen Ethik des Tuns des Willens Gottes“*, wie sie ihm in Jesus entgegentritt, nicht unberührt. Auf diesem Wege werden wir Mitarbeiter am Reiche Gottes. In der prekären Weltsituation, in der wir heute leben, können wir nicht mehr darin verharren, auf *„das am Ende der Zeiten von selbst kommende Reich Gottes“* [7] zu warten. Schweitzer macht unmissverständlich deutlich:

„Für die Menschheit, wie sie heute ist, handelt es sich darum, das Reich Gottes zu verwirklichen oder unterzugehen.“ [8]

Ein solches Friedensreich zu verwirklichen kann nicht heißen, es durch Gesetze, Bestimmungen oder Umgestaltung gesellschaftlicher Verhältnisse herbeinötigen zu wollen. Es ist und bleibt reine *„Herzensangelegenheit“*:
„(E)s kann nicht Reich Gottes in die Welt kommen, wenn nicht Reich Gottes in unseren Herzen ist.“ [9]

So hat auch Albert Schweitzer sich in seinem humanitären Wirken als Arzt in Lambarene auf dem *„Vorposten des Reiches Gottes“* stehend empfunden.

Kaum war er 1913 zusammen mit seiner Frau Helene in Lambarene angekommen, war er als der seit langem ersehnte einzige Arzt weit und breit von vielen Patienten umlagert. Sie waren mit Krankheiten und Gebrechen behaftet, von denen sich ein Europäer kaum eine Vorstellung machen kann. Und so schrieb er nach den ersten Wochen an seine Schwester Adele von dem großen Elend, mit dem er als Arzt dort konfrontiert war:

„Da sind zuerst die schrecklichen Geschwüre jeder Art. ... Dann die Lepra in allen Stadien. ... Und die Elephantiasis ... dieses Anschwellen der Gliedmaßen, das stetig zunimmt. Es ist schrecklich; zum Schluss sind die Beine so dick, dass die Leute sie nicht mehr schleppen können. Viele Herzkranke; die Leute ersticken. Und dann ihre Freude, wenn das Digitalin wirkt! Am Abend gehe ich todmüde schlafen, in meinem Herzen tief beglückt, auf Vorposten des Reiches Gottes zu stehen!“ [10]

Nicht jedem ist es gegeben, in solch aufopferungsvoller Weise wie Schweitzer eine über viele Jahrzehnte aufgebaute kleine Welt der Humanität und des Friedens zu schaffen. Wohl aber kann ein Jeder *„sein Lambarene“* finden, wenn er es nur sucht. Wo immer wir uns aufhalten und wirken, ob in beruflicher Verantwortung oder im Umkreis von Familie oder Gemeinde: Überall finden sich viele, auch unscheinbare Gelegenheiten, einen Grundstein für ein kleines *„Friedensreich“* zu legen.

Von der *„niederen“* zur *„höheren Vaterlandsliebe“*

Mit der Hoffnung auf das *„Reich Gottes“* ist vor allem der Glaube verbunden, *„daß einst die Zeit kommen wird, wo der Geist der Wahrheit, der Gerechtigkeit, des Friedens herrscht unter den Völkern und über die Welt“*, wie es Schweitzer in einer Predigt vom 15. November 1908 formuliert.[11]

Nun sah Albert Schweitzer gerade zu Anfang des letzten Jahrhunderts zwischen den Völkern in wachsendem Maß eine Problematik aufkommen, die einem solchen Geist der Verständigung und des Friedens zuwiderläuft: *„Eine gewisse Art von Patriotismus“*.[12] Schweitzer meint nicht das natürliche Empfinden der Zugehörigkeit zu einem Volk, das sich mit einer Pflege des Volkstums verbindet und *„der Fortbildung des rein Menschlichen in der Nation“* dienlich ist.[13]

Es handelt sich stattdessen um eine aus nationalistischer Selbstverherrlichung geborene, entstellte Form einer *„Vaterlandsliebe“*, die sich aus *„einer blinden Leidenschaft“* speist, sich gegen alles Fremde abschottet und jegliche Vernunft im Verhältnis etwa zum Nachbarvolk fahren lässt. Schweitzer sieht also schon sehr früh jenen fehlgeleiteten Nationalismus aufkommen, der von Bestrebungen der Vorherrschaft, des Ehrgeizes und der Macht getragen ist, und der zwangsläufig in die Katastrophe des Ersten Weltkrieges einmünden musste.[14]

Eine so verstandene *„Vaterlandsliebe“* erweist sich als gravierendes Hindernis für einen Völkerfrieden. Das ist umso erschreckender als gegenwärtig ein Wiedererstarken des nationalistischen Ungeistes, der sich von fremden Völkern abzugrenzen sucht, epidemisch um sich greift; der das Anderssein des Anderen, sei es hinsichtlich seiner Religion, Ethnie oder nationalen Herkunft, stigmatisiert und in seiner humanen Würde deklassiert.

Von einer solchen *„niederen Art“* der Vaterlandsliebe hebt Schweitzer, unter Berufung auf den Aufklärungsphilosophen Johann Gottlieb Fichte, eine *„höhere“*, *„einzig wahre Vaterlandsliebe“* positiv ab.[15] Nicht eine Mehrung der *„äußere(n) Größe und Macht“* ist ihr Ansinnen, sondern die *„Ausbildung des rein Menschlichen“*. Die Entfaltung eines *„edlen Menschentums“* ist ihr Ziel, das über die Grenzen der eigenen Nation hinausführt und fähig ist, *„Heil über die Völker zu bringen“*. Schweitzer will, wie es schon Fichte propagiert hat, *„das nationale Gefühl ... unter die Vormundschaft der Vernunft, der Kultur und der Sittlichkeit“* gestellt sehen. *„Der Kult des Patriotismus als solcher ist ihm nur Barbarei, die zu sinnlosen Kriegen führt“*.[16]

Nun könnte man einwenden, dass dem *„krankhafte(n) Wesen des Nationalismus“*, das uns im vergangenen Jahrhundert in zwei Weltkriege gestürzt hatte, in einer modernen, globalisierten Welt doch der Boden entzogen werde. Lassen wirtschaftliche Zusammenarbeit und Tourismus die Völker einander nicht näherrücken und eine dem Frieden dienende Verständigung anbahnen?

Auch zu diesem Argument bezieht Schweitzer Position und kritisiert eine Entwicklung, die im Massentourismus unserer Zeit in aller Schärfe hervortritt:

„Der Fremde sieht Gegenden und Sehenswürdigkeiten und ist im übrigen mit seinesgleichen in den internationalen Hotels interniert. Die Gesellschaft, in der er sich als wandernder Kodak (Fotoapparat, Erg. GS) bewegt, bleibt dieselbe, in welchem Lande er auch ist. Bis in die Dschungel Indiens und die Sandwüsten Afrikas findet er dieselben Gefängnisse und dieselben Mitgefangenen. Meist sind sie miteinander

von den Bewohnern des Landes abgeschlossen und kehren zurück, ohne in nähere geistige Beziehung zu ihnen getreten zu sein.“[17]

So ist es nach Schweitzer dahin gekommen, dass die Menschen mit fremden Völkern in eine lediglich *„oberflächliche und flüchtige Berührung“* treten. Von einer *„geistigen Bereicherung“* durch die Begegnung mit dem Fremden kann so keine Rede sein.

„Es ist ihnen nicht mehr gegeben, sich in anderes Volkstum einzuleben und das bedeutungsvoll Menschliche desselben auf sich wirken zu lassen. Sie reisen in Geschäften oder als Touristen, aber nicht zugleich auch als Menschen.“[18]

Demnach sind die Rahmenbedingungen, sich aus einer toxischen zu einer *„höheren Vaterlandsliebe“* aufzuschwingen, in unserer heutigen globalisierten Welt keineswegs günstiger geworden. Dies findet in dem europaweit sich ausbreitenden Nationalismus eine traurige Bestätigung. Das ist umso bedrückender, als die weltweite Gefährdung unserer Lebensgrundlagen in die Katastrophe führen muss, wenn es den Völkern nicht gelingt, egoistische Machtinteressen zu überwinden und sich als Teil einer Weltgemeinschaft zu verstehen, in der jede Nation ihren Beitrag zur Lösung der globalen Bedrohungslage, wie sie etwa im zerstörerischen Klimawandel zutage tritt, zu leisten.

Wir stehen gerade heute vor der ungeheuren Aufgabe, die besagte *„wahre Vaterlandsliebe“* um des Friedens willen zu bewähren. Eine Vaterlandsliebe, die sich der Wahrung von *„Menschlichkeit und Frieden“* verpflichtet weiß. Einer Menschlichkeit, die nicht an den eigenen nationalen Grenzen halt macht, sondern die nur auf dem Boden einer *„Menschheit“* gedeihen kann, die sich als die *„elementarste, realste und natürlichste Gemeinschaft“* begreift.

Erst im *„Erleben des eigenen Schicksals in dem der Menschheit“* können die Völker zur Vernunft kommen.

Die geistigen Energien der jeweiligen Nationalstaaten dürfen sich also nicht in der Wahrung der eigenen Volksinteressen aufzehren. Sie müssen immer auch von einer grenzenlosen Verantwortung für eine Humanisierung der Menschheit im Ganzen getragen sein. Sie sind *„der starke Wind, der uns aus der Bucht, in der wir verweilen möchten, in das offene Meer hinaustreibt“*.[19]

Zum Völkerrecht auf *„Selbstverteidigung"*

Zum Schicksal der Menschheit gehört leider nach wie vor die deprimierende wie harte Realität, dass es Völker gibt, die dem anderen ihr selbstbestimmtes Lebensrecht streitig machen. Ganz konkret sind wir nun schon im dritten Jahr auf europäischem Boden Zeuge eines Angriffskrieges, den Russland in Gestalt der Putin-Diktatur gegen die Ukraine führt. Ein Beitrag, der sich mit Schweitzers Friedensdenken auseinandersetzt, sollte daher der folgenden naheliegenden Frage nicht ausweichen:

Wie ist die von Beginn des Krieges an virulente Problematik militärischer Hilfeleistung im Lichte der Friedensethik Schweitzers zu beurteilen?

Ist es für uns europäische Nachbarstaaten im Einklang mit den Vereinigten Staaten ethisch vertretbar, die Ukraine mit Waffenlieferungen zu unterstützen? Oder ist es ethisch geboten, militärische Verteidigungshilfe grundsätzlich zu unterlassen?

Ist der einzig gangbare Weg, Frieden zu schaffen ohne Waffen oder ist es in der gegebenen Situation für eine Wiedererlangung der vollen Souveränität des Angegriffenen unverzichtbar, Waffenhilfe zu leisten?

In dieser Polarität bewegt sich von Anfang an die aufgeheizte Debatte. Wir stehen vor einem Dilemma, aus dem sich keine Partei, welcher Position sie auch zuneigt, mit gutem Gewissen herausstehlen kann.

In seiner Nobelpreis-Rede, die eingangs dieses Rundbriefes abgedruckt ist, hatte sich Schweitzer unter anderem auch zum Selbstverteidigungsrecht geäußert:

„Noch aber leben wir in der Zeit der Friedlosigkeit. Noch müssen sich die einen Völker durch die anderen bedroht fühlen. Noch muß jedem das Recht zugestanden werden, sich mit den furchtbaren Mitteln, über die wir verfügen, zu seiner Selbstverteidigung bereit zu halten." (siehe oben S. 22)

Schweitzers Position ist eindeutig: Nicht nur ist jedem Volk das unverbrüchliche Völkerrecht auf Selbstverteidigung zuzubilligen. Ihm ist es ebenso wenig abzusprechen, dies mit *„furchtbaren Mitteln"* zu tun, will heißen, von dem verfügbaren militärischen Waffenarsenal Gebrauch zu machen.

Wie aber ist eine solche Einstellung mit seiner *„Ethik der Ehr-*

furcht vor dem Leben" vereinbar? Gebietet sie nicht, alles Leben, wo immer es möglich ist, zu erhalten und auf eine Schädigung oder gar Vernichtung von Leben zu verzichten?

Zweifellos. Aber das ist nur die eine Seite der Medaille dieser Ethik. Die andere Seite besteht darin, dass wir immer wieder in die Situation kommen, anderes Leben schädigen oder vernichten zu müssen, um eigenes oder anderes Leben zu erhalten. Dieser Konflikt ist unausweichlich. Schweitzers Ethik zeichnet sich geradezu dadurch aus, dass sie solche Dilemmata widerstreitender Lebensinteressen nicht etwa negiert, sondern diese ins Zentrum unseres verantwortlichen Entscheidens und Handelns stellt. Wir werden auf Schritt und Tritt mit Lebensansprüchen und -bedürfnissen konfrontiert, die sich wechselseitig ausschließen. Ist damit das Scheitern der Ehrfurchtsethik besiegelt? Ganz und gar nicht. Vielmehr kommt durch sie unsere humane Verantwortung überhaupt erst voll zu Tragen. Denn sie erlaubt es nicht *„kalt nach ein für allemal festgelegten Prinzipien (zu) entscheiden"*.[20] Stattdessen fordert sie von uns, in jedem Einzelfall verantwortlich abzuwägen, für welche Lebenserhaltung wir uns einsetzen bzw. welche Lebensansprüche wir zurückweisen oder beschneiden müssen. Dafür lässt sie nur eines gelten: Das Kriterium der *„unabdingbaren Notwendigkeit"*. In solchen Konflikten gibt es keine glatten Lösungen. Wir können uns hier nicht auf objektive Maßstäbe berufen, sondern müssen, ob wir wollen oder nicht, nach eigenem Ermessen entscheiden und handeln.

Und ein weiteres macht Schweitzer unmissverständlich klar: Insofern wir notgedrungen anderes Leben beeinträchtigen oder zerstören, werden wir *„schuldig"*. Es ist uns verwehrt, uns *„guten Gewissens"* aus solchen Entscheidungsnotständen herauszuretten. *„Das gute Gewissen ist eine Erfindung des Teufels"*, betont Schweitzer.

Aber gerade darin bewährt sich die Ehrfurcht vor allem Leben als Richtschnur für unser Tun und Lassen: Dass wir uns nicht mit *„Zwangsläufigkeiten"* oder *„Notständen"* herausreden, sondern von Fall zu Fall immer wieder prüfen, zu welchem Wohl oder Wehe unser Tun und Lassen führt.

Ein solches verantwortliches Abwägen kann also nicht immer zu konfliktfreien Lösungen führen; aber es ist der entscheidenden Voraussetzung unterworfen, möglichst viele situative Gegebenheiten in die Überlegungen einzubeziehen. Dies gilt im Kleinen wie im Großen.

In der Frage, ob wir das Selbstverteidigungsrecht der Ukraine mit Waffengewalt zulasten des Aggressors unterstützen dürfen, stehen wir vor genau solch einem Dilemma.

Sind hier die radikalen Pazifisten moralisch aus dem Schneider, die eine Aufheizung des Krieges durch fortgesetzten militärischen Widerstand als Grundhindernis für einen Waffenstillstand und Frieden anprangern?

Soll die demokratisch und freiheitlich verfasste westliche Welt tatenlos mit ansehen, wie der russische Machthaber dem Nachbarland Ukraine sein Existenzrecht streitig macht, es okkupiert mit dem Ziel, seine territoriale und kulturelle Identität zu vernichten?

Auf der allgemein abstrakten Ebene lässt sich trefflich argumentieren. Wer von uns ist nicht für eine schnellstmögliche Beendigung der grauenhaften Kriegsgräuel, wer nicht für Frieden und militärische Abrüstung?

Aber hier stehen wir vor einer geschichtlich ganz konkreten Situation eines vom russischen Boden aus geführten Angriffs- und Vernichtungskrieges, in der täglich Millionen von Menschen von Leid, Elend und Tod betroffen sind.

Wir und unsere europäischen Partner machen es sich nicht leicht, immer wieder abzuwägen, welches Ausmaß an militärischer Hilfe geboten ist. Die verantwortlichen Regierungen müssen sich deshalb von Anfang des Krieges an viel und zum Teil harsche Kritik gefallen lassen. Dass gleichwohl und begleitend alles getan werden muss, um auf diplomatischem Wege und auch Mittels verschärfter Sanktionen den Aggressor dazu zu bewegen, den Krieg zu beenden, steht nicht weniger außer Frage.

Auf welche Seite man sich letztlich auch stellen mag, ob auf die Seite der Gegner oder Befürworter von militärischer Hilfe. Keine Partei kann sich in dieser Lage schuldlos aus der Affaire ziehen.

Aber eines darf im Sinne Schweitzers nicht abdanken: die Stimme der Vernunft und der Menschlichkeit –, auch wenn diese auf Putins Seite angesichts seiner *‚Lügen-Diplomatie‘* zu vermissen ist. Wir dürfen in allem nicht müde werden, Wege zu suchen, die auf eine befriedete Koexistenz der Völker hinwirken; dass der Geist des Friedens und der Verständigung Einzug halte, der – und auch das betont Schweitzer immer wieder – nur auf der Basis gegenseitigen Vertrauens möglich ist.

„Dem Geiste sind alle Dinge möglich. Der kann machen, daß es einmal heißt: ‚das Alte ist vergangen.' Dies wird sein, wenn ihm das Schwerste, das er zu vollbringen hat, gelungen ist: daß die Völker miteinander über den Haß hinausgekommen sind, der aus den Unmenschlichkeiten, die sie gegeneinander begangen haben, entstanden ist. Vermögen werden sie dies, wenn sie ... miteinander, in neuer Gesinnung geeint, nicht mehr eines mit dem andern rechten, sondern einzig von dem Gedanken beseelt sind, aus dem grausigen Bann, in dem das Vergangene sie gefangen hält, herauszutreten und miteinander einer neuen Zeit entgegenzugehen." [21]

Anmerkungen

1 Albert Schweitzer: Briefe aus Lambarene 1924 -1927. München 2009, S. 32.
2 Albert Schweitzer: Das Problem des Friedens in der heutigen Welt. Siehe oben S. 10ff.
3 Ebd., S. 21.
4 Albert Schweitzer: Predigten 1898-1948. Richard Brüllmann, Erich Gräßer (Hrsg.), Werke aus dem Nachlaß, München 2001, S. 435.
5 Ebd., S. 541.
6 Albert Schweitzer: Aus meinem Leben und Denken, S. 54.
7 Albert Schweitzer: Reich Gottes u Christentum. Ulrich Luz u.a. (Hrsg.), Werke aus dem Nachlaß, München 1995, S. 388, vgl. S. 383.
8 Ebd.
9 Ebd., S. 389.
10 Brief von 1913 (Nach der Ankunft in Lambarene), in: Hans Walter Bähr: Albert Schweitzer. Leben, Werk und Denken 1905-1965, mitgeteilt in seinen Briefen, Heidelberg 1987, S. 32 (unterstrichene Passage im Original kursiv).
11 Albert Schweitzer: Predigten, S. 951.
12 Ebd.
13 Albert Schweitzer: Wir Epigonen, Kultur und Kulturstaat, Ulrich Körtner, Johann Zürcher (Hrsg.), Werke aus dem Nachlaß, München 2005, S. 75.
14 Vgl. Albert Schweitzer: Predigten, S. 950f.
15 Albert Schweitzer: Wir Epigonen, S. 75f, vgl. S. 174.
16 Mit „*ihm*" bezieht sich Schweitzer auf Fichte, um zugleich darin auch seine eigene Auffassung zu bekräftigen.
17 Schweitzer: Wir Epigonen, S. 92.
18 Ebd., S. 93.
19 Ebd., 173.
20 Albert Schweitzer: Kulturphilosophie Band I u. Band II, München 2007, S. 325.
21 Albert Schweitzer: Die Weltanschauung der Ehrfurcht vor dem Leben. Kulturphilosophie III, dritter u. vierter Teil, Claus Günzler, Johann Zürcher, (Hrsg.), München 2000, S. 229.

Konstanze Schiedeck

Emmy Martin (1882–1971): Engste Mitarbeiterin Schweitzers

„Die Tage sind voller Mühe und Arbeit und doch so wunderbar" [1]

Vorbemerkungen

Vor 60 Jahren erschien, um fast zwei Jahre verspätet, anlässlich des 80. Geburtstages von Emmy Martin eine Kurzbiografie von Hans Werner Bähr und Robert Minder, die bis heute durch keine weitere ersetzt worden ist. Bähr schrieb das Vorwort, Minder den Text, dann folgen Schilderungen der Jubilarin in Auszügen von ihren Reisen nach Lambarene, und in einem dritten Teil äußern 23 Personen ihre Begegnungen mit der hier vorzustellenden Persönlichkeit.[2]

Schon die Vorankündigung der Festschrift bewegt Emmy sehr. Sie schreibt an Richard Kik im Juli 1964: *„Ich hatte nie an so etwas gedacht"* [3], und nach Erscheinen äußert sie sich gegenüber Prof. Bähr wie folgt:

„Nun halte ich wirklich das Buch, es ist ein wahres bijou, in Händen und weiss nicht, wie ich Ihnen danken soll ... Wie schön ist die Einführung! Da ist man gleich gefangen von dem, was kommt ... Ich habe nach allem Lesen das Gefühl, dass mein Leben hier gezeichnet ist wie ein grosses schönes Gemälde. Dankbarkeit erfüllt mich, tiefe Dankbarkeit." [4]

Wer die Würdigung kennt und die enge Verbindung Schweitzers zu der Mitarbeiterin erfasst hat, begreift, warum Helene Schweitzer-Bresslau Schwierigkeiten hatte, mit Emmy Martin ein freundschaftliches Verhältnis aufzubauen. Wodurch Spannungen auftraten, wird im Verlauf aufgezeigt werden.

Über die Familie von Emmy Martin ist mir nur wenig bekannt. Aus der Biografie von Bähr /Minder erfahren wir hierzu so gut wie nichts. Auch die im Deutschen Albert-Schweitzer-Zentrum aufbewahrten Briefe geben keinen Aufschluss. In diesen ist nur die Rede von Schwestern und einem Bruder. Dieser, Paul, 1893 in Molsheim geboren, wurde Opernsänger, trat u.a. in Bayreuth auf und starb dort 1961 oder 62, wie dem Internet zu entnehmen ist.

Kindheit und Ausbildung

Emmy Martin erblickt am 31.12.1882 im unterelsässischen Ort Molsheim das Licht der Welt. Dort betreibt ihr Vater, Carl Beinert, eine Gärtnerei und eine nicht unbedeutende Baumschule. Seine Blumen- und Obstzüchtungen bekommen auf Ausstellungen Preise. Schon früh lernt die kleine Emmy die lateinischen Namen der Pflanzen und in späteren Jahren tut sie kund: Wenn ich ein Mann geworden wäre, hätte ich den Gärtnerberuf ergriffen. Ihr Interesse für Farben, Vielfalt und Schönheit wird schon in ihrem kindlichen Umfeld geweckt und sich in ihrem späteren Alltag auswirken. Bis ins hohe Alter schmückt sie ihr Heim mit geschmackvollen Blumengestecken und empfindet Freude an schönen Kunstwerken.

In der Familie sprach man elsässisch. Französisch lernt die Jugendliche im Mädchenpensionat in Dorlisheim auf Betreiben der *„energischen, impulsiven Mutter“*, so Minder. (S. 17) Literaturkunde, Porzellan bemalen, Quadrille tanzen und Tee servieren sind Unterrichtsfächer. Auch an musikalischer Erziehung wird es nicht gefehlt haben. Die Ausbildung befähigt Emmy Martin, später bei Einladungen Freude und Genuss an Louis-XV. Möbeln zu empfinden und ihr Wissen z. B. auf dem Kapuzinerberg in Salzburg bei Stefan Zweig oder in Schweden bei der Baronin Lagerfelt und bei anderen Einladungen unter Beweis zu stellen. Emmy bekommt ein Gespür für handwerkliches Können, schöne Ausführung und weiß Gediegenes zu schätzen.

In St. Leonhard am Fuße des Odilienberges hatte sich um Charles Spindler eine Gruppe von Dichtern und Kunstschaffenden gebildet, die neue Impulse hervorbrachte. Genannt seien nur die 1898 erschienene zweisprachige *„Illustrierte elsässische Rundschau“ - „Revue alsacienne illustrée“* und das 1906 in Straßburg eröffnete *„Elsässische Kunsthaus“*. Die Neuerungen in der Kunstwelt bleiben der Heranwachsenden nicht verschlossen. Auch Musik wird in St. Leonhard gepflegt. 17-jährig tritt Emmy Beinert als Gesangschülerin ins Straßburger Konversatorium ein. Zusammen mit Spindler singt sie Schumann-Duette in seinem Atelier. Sie findet auch schnell Verständnis zu Schweitzers Vorliebe für tonschöne Orgeln. *„Bei Albert Schweitzer möchte ich Bach singen lernen"*, hatte seinerzeit die Konservatoriumsschülerin geseufzt, und prompt war die Antwort der Lehrerin, Frau Altman-Kunz, erfolgt: *‚Dafür können Sie noch viel zu wenig.'"* (S. 22) Ihr wird geraten, ihre Ausbildung bei dem berühmten holländischen Gesangspädagogen Anton Sisterman in Berlin fortzuführen. Noch konnte Emmy nicht ahnen, welche Bedeutung die Berliner Zeit für ihr späteres Leben haben sollte.

In ihr kleines rotes Tagebuch notiert sie in Stichworten die Begebenheiten von 1908, zählt den Besuch von Konzerten und die Künstler auf und erwähnt: *„Am Grab Mendelssohns gewesen"*. In ihren Aufzeichnungen findet sich auch ein längeres Gespräch mit Albert Schweitzer über Mendelssohns letzte Orgelsonate in a-Moll, eines seiner Lieblingswerke.

Heirat, Tod des Ehemannes, Begegnung mit Albert Schweitzer

In Straßburg lernt Emmy ihren späteren Ehemann Wilhelm Martin kennen, ein Studienkollege Albert Schweitzers. Er vertritt wie dieser eine liberale Theologie. Die beiden heiraten 1910, Emmy ist nun 28. Nicht nur ethisch-theologische Fragen, auch die Musik verbindet beide.

Der Schwiegervater, Professor Ernst Martin, ein großer deutscher Germanist und Romanist seiner Zeit, führt ein gastliches Haus, das Emmy anspricht. Jeden Montag lädt er seine Studenten in die Schillerstraße ein. Der Pariser Germanist, Henri Lichtenberger, berichtet später mit Dankbarkeit über diese Abende.

Wilhelm Martin bekommt eine Pfarrstelle in Lauterburg, nahe der elsässisch-pfälzischen Grenze. Am 17.8.1911 wird der Sohn Hans geboren. Die junge Familie erlebt eine glückliche Zeit. Frau Martin äußert sich über ihre ersten Ehejahre wie folgt: *„'Es wurde viel musiziert bei uns, ich war fröhlich, lief den ganzen Tag singend im Haus herum. Freunde kamen, oder wir fuhren nach Straßburg zu Vorträgen, Konzerten'"*. (S. 25)

Doch das Glück währt nicht lange. Der Pfarrer erkrankt ernstlich, kann seinen Beruf nicht mehr ausüben.

Die Auswirkungen des Ersten Weltkrieges belasten zusätzlich.

Kurz nach Beendigung desselben stirbt der Ehemann. Mit dem Ende des Waffenstillstandes treten im Elsass nicht etwa Ruhe und Frieden ein, vielmehr breiten sich Hass und Rachsucht aus. Die Stimmung in der Gesellschaft beschwert Emmys Gemüt, hinzu kommt der Kummer, den der Verlust des Ehemannes bereitet. Die alleinerziehende Mutter und junge Witwe ist auf der Suche nach einer neuen Orientierung. Freunde raten ihr, sich wieder aktiv der Musik zuzuwenden und bei Albert Schweitzer vorzusprechen. Im Sommer 1919 sucht sie diesen in Straßburg in dem alten Haus Nikolausstaden Nr. 5 auf. Aus der Begegnung erwächst ein regelmäßiger Unterricht. Doch dabei sollte es nicht bleiben, wie wir sehen werden. Nicht nur Bachkantaten und Arien, sondern auch Lieder von Schubert, Brahms, Reger, Strauß und Partituren von Wagner werden eingeübt und vorgetragen. *„'Die jubelnde Bachnachtigall“'* nennt Schweitzer seine Schülerin einmal und eine Fotografie von 1921 versieht er mit der Widmung: *„'Der Sängerin Emmy Martin, der Organist Albert Schweitzer zur Erinnerung an das Musizieren in den trüben Monaten 1919 bis 1921.'“* (S. 26)

Emmy Martin wird Schweitzers engste Mitarbeiterin

Helene Schweitzer-Bresslau, die am 14.1.1919 Rhena zur Welt gebracht hat, ist mit der Fürsorge für die Tochter ausgelastet. Die 40-Jährige leidet noch unter den Folgen der Kriegsgefangenschaft und der zuvor geleisteten Arbeit am Ogowe. Daher verschont sie der Ehemann, die Korrekturbogen seines 1918 herausgegebenen *„Elsässischen Kirchenboten“* zu lesen. Stattdessen spannt er sowohl Robert Minder als auch Emmy Martin zum Lesen ein. Er entdeckt, dass Frau Martin nicht nur gut singen kann, sondern auch noch über andere Fähigkeiten verfügt wie ein gutes Sprachgefühl. Die Vorbereitungen zum Sommer 1920 für Schweitzers erste Schwedenreise erfordern weitere Hilfen von Frau Martin. Sie sucht Fahrpläne heraus, nimmt Kontakt zu Söderblom nach Uppsala auf u.a. Wir wissen, dass diese Reise sehr erfolgreich war und Schweitzer danach alle seine Schulden der Pariser Missionsgesellschaft zurückzahlen konnte. Der Erfolg ermutigt ihn, nun auch im Umfeld seiner elsässischen Heimat Konzerte zu geben und über seine Ethik zu sprechen. Systematisch begibt er sich nun auf Reisen. Er besucht Hürtigheim, Ittenheim, Mittelbergheim,

Muttersholtz, Baldenheim, Dettweiler, Rappersheim, Sesenheim, Mittelhausen, Waltenheim, um nur einige Orte zu nennen, die in Emmy Martins Notizbüchern erwähnt werden. Manche dieser Aufführungsstätten waren damals nur schwer zu erreichen, sodass er zuweilen mit einem Leiterwagen unterwegs ist. Heute beträgt die Fahrzeit zu den genannten Zielen mit dem Auto ab Günsbach rund eine Stunde, Bahnfahrten dauern wesentlich länger. Die Kontakte muss Frau Martin herstellen. Hier schon zeigt sich ihre Gabe, freundlich und verbindlich mit den Menschen umzugehen. Von diesen Reisen ist in großen Zeitungen nichts zu lesen.

Für die zweite Reise nach Schweden, zwei Jahre später, greift die Sekretärin auf knappe Aufzeichnungen Schweitzers zurück, die ihm als Gedächtnisstütze gedient hatten. Nun stellt sie ein Adressbuch ganz im Sinne des Doktors her. Intuitiv erfasst sie den tieferen Sinn seiner Ordnung. Sie eignet sich sogar seine Handschrift an, ebenso wie es Mathilde Kottmann, Emma Haussknecht und Ali Silver getan haben.
Erst im Alter wird ihre Handschrift lockerer und eigenständiger.

Schweitzer plant seine Rückkehr nach Lambarene. Emmy hält fest: *„'Am 30. April 1922 den großen Brief an die Pariser Missionsgesellschaft abgeschickt'"* (S. 30). Im Juni beobachtet sie ihren Arbeitgeber: Im blauen Schlosseranzug steht er da und entwickelt Pläne für die Wellblechbaracken. Seine Fachkenntnis versetzt alle umstehenden Handwerker in Erstaunen. Doch vor seiner Ausreise nach Afrika möchte er seine 1921 fertiggestellte Kulturphilosophie in Deutschland bei einem großen Verlag in Druck bringen. Er betraut Emmy Martin mit der Aufgabe, einen geeigneten Verlag zu suchen; sie wird ihn in der bayerischen Landeshauptstadt finden. Seine Ehefrau Helene liegt unterdessen nach einem Blutsturz im Krankenhaus in Cannstadt bei Stuttgart.

Emmy trifft im Sommer 1922 August Albers, den Cheflektor von C.H.Beck in München. Vertieft in das Manuskript ist er gefesselt von der Darlegung der Ethik. Fortan werden Schweitzers Bücher von diesem Verlag gedruckt, und es entwickelt sich eine intensive Freundschaft zu Albers. Davon zeugen zahlreiche Briefe und Albers Einladung im Januar 1923, die Herrn Schweitzer mit Frau Emmy Martin willkommen heißen.

Beim Wiederaufbau Lambarenes spielt die Schweiz eine bedeutende Rolle. Die Universität Zürich verleiht Schweitzer als erste einen Ehrendoktortitel. Sie hatte ihm im Sommer 1921 einen Lehrstuhl für Systematische Theologie angeboten. Zur ersten Sammelstelle für das Spital in der Schweiz wird das Haus von Maria Kaufmann. Sie ist Witwe des Sängers Robert Kaufmann. Beide Frauen verbindet ihr gemeinsames Schicksal, aber vor allem die Liebe zur Musik und das ethische Denken.[5]

Musik, insbesondere Gesang, spielt auch weiterhin eine Rolle in Emmys Leben. Jedoch tritt sie nicht mehr öffentlich auf, sondern singt nur noch in vertrauten Kreisen. Im Januar 1923 weilt sie zusammen mit Schweitzer in Bayreuth. Hier hatte er unter dem Eindruck einer *„Tristan“*-Aufführung 20 Jahre zuvor seinen *„Bach“* zu schreiben begonnen. Cosima, die in der Regel kaum noch Besucher empfängt, will sich die Begegnung mit Schweitzer nicht entgehen lassen. Zur Freude der Anwesenden singt Emmy Martin in der Halle von Wahnfried Bach-Arien, von Kapellmeister Kittel begleitet. Ihr Bruder Paul hatte schon zuvor den Apothekerberuf zugunsten einer Sängerlaufbahn aufgegeben und wurde später ein gefeierter Wagnersänger (vgl. Vorbemerkung).

Im Juni 1923 zieht sich Schweitzer in Berlin eine schwere Mittelohrentzündung zu. Emmy Martin wird zur Pflege nach Berlin gerufen. Seine Ehefrau Helene hat nach dem Umzug am 1.5. ins neue Haus in Königsfeld einen Rückfall bekommen. Sie kann ihrem Mann nicht beistehen. Tag für Tag erscheint neben Emmy auch der Bachdirigent Siegfried Ochs am Krankenbett. Es entwickeln sich interessante Musikgespräche unter den Dreien, denen eine tiefe Freundschaft und ein intensiver Briefverkehr folgen werden.

Bei seinem Berlinaufenthalt wohnt Schweitzer bei der Künstlerin Johanna Engel, der Cousine seiner Frau. Eine Reihe ausdrucksstarker Porträts entstehen in jener Zeit von ihrem Gast.

Regelmäßig, auch in Schweitzers Abwesenheit, ist Emmy Martin im Pfarrhaus in Günsbach bei dem alten Louis Schweitzer anzutreffen, um dort die angefallene Korrespondenz zu erledigen. Sie fühlt sich wohl bei dem im Tal beliebten Pfarrer, der schriftstellerisch noch tätig und äußerst rüstig ist. Den Haushalt führt ihm nach dem Tod seiner Frau (1916) seine jüngste Tochter Marguerite. Auch Helene hatte einst vor ihrer Ausreise nach Lambarene mit Schweitzer die wohltuende Atmosphäre im Pfarrhaus genossen. Ausgebootet muss sie sich fühlen, wenn sie erfährt, dass Emmy sich in Günsbach aufhält.

Aufenthalt in Kork

Zwischen 1920 bis 1925 ist Straßburg für Emmy Martin nur eine Durchgangsstation und ein Absteigequartier. Sie hat bei ihrer Patentante, einer weitherzigen Frau, ein Zimmer bekommen. Doch deren Großzügigkeit wird mitunter sehr auf die Probe gestellt, wenn die Pakete für Lambarene eintreffen und sich bedrohlich aufzutürmen beginnen.

Schweitzer ist zu der Zeit in der Knoblochgasse bei Frau Dietz-Härter im Viertel von St. Thomas untergekommen. Seine Hauptsorge gilt dem Bau seines Hauses im Schwarzwald für seine kränkelnde Frau und die kleine Tochter Rhena. Zeitweilig ist die ohnehin komplizierte Bahnverbindung infolge der Ruhrbesetzung unterbrochen. In Emmy Martins Aufzeichnungen vom 17. November 1923 heißt es: *„'Öl, Schokolade, Hühner, Axt und Beil schleppt heute der Doktor nach Königsfeld'"*. (S. 42) Mehrfach müssen diese beschwerlichen Reisen in der Zeit der Not und der dramatischen Inflation wiederholt werden.

Das Dörfchen Kork bei Kehl bietet sich für Emmy Martin als Zwischenstation an. Zwei ihrer Schwestern leben in dem Ort. Das erste Stockwerk in der Korker Mühle wird für sie und den 10-jährigen Sohn ihre neue Bleibe für fast ein Jahrzehnt. Häufig bekommt sie Besuch von Freunden und ihr nahestehenden Personen. Auch Schweitzer ist hier gerne Gast.

„'Sie haben Schweres zu tragen, und ich bewundere Sie, dass Sie dabei so aufrecht bleiben können, und ich bin froh darüber. Sie müssen frisch sein für den Knaben ... Und was ich ihm geben kann als Verstehen und Hilfe eines Mannes, das gebe ich ihm. Sie wissen, wie gern ich ihn habe'",

schreibt Albert Schweitzer Sylvester 1921. (S. 42)

Die Mühle, eingerichtet mit erlesenen schönen Möbeln aus dem Familienbesitz, wird zu einer Kraftquelle für Emmy, aber auch für alle, die hierher kommen. Heiterkeit und Lebensfreude breiten sich aus und überstrahlen die schwere Nachkriegszeit, wenn viel musiziert wird. Nicht nur Schweitzer setzt sich ans

Klavier, spielt und kommentiert Beethoven-Sonaten und begleitet Emmy Martin bei Bach-Arien, auch andere Künstler sorgen für unbeschwerte Stunden.

Am 17. Juni 1928 trägt Schweitzer im Rückblick auf den 8. März 1922 u.a. folgendes ins Gästebuch ein:

„'Mühle, wie oft dachte ich an Dich in Afrika. Ich sah Dich im Schnee; ich sah die Bäume um Dich herum in Blüte stehen, ich roch das Heu, das auf den Wiesen vor Deinen Fenstern dorrte, ich hörte den Herbststurm an Deinen Läden rütteln ... Ich danke Dir für die Heimat, die Du in schwerster Zeit dem Heimatlosen gabst, liebe, schmucklose Mühle, die für mich schön wurde durch die Güte, die ich von Dir erfuhr.'"

War dies nicht auch eine Hommage an Emmy Martin?!

Am Louis-XV.-Schreibtisch, der später nach Günsbach kommt, vollendet Schweitzer seine *„Jugenderinnerungen"*. An ruhigen Tagen revidiert Emmy unter Schweitzers Anleitung Manuskripte und liest Druckbogen. Auch Verleger besuchen die Mühle, unter ihnen August Albers vom C.H. Beck -Verlag. *„'Die Mühle war ganz international, die Fäden der Liebe umspannten eine Welt; so konnte die Arbeit in Lambarene gedeihen, alle wollten helfen'"*, so Emmy Martin. (S. 45) Als erster Japaner trug sich Uchimura aus Tokio ins Gästebuch ein. Weitere Landsleute werden ihren Einladungen folgen.

Wenn Emmy im Auftrag des Doktors unterwegs ist, sorgen die Schwestern für den Sohn Hans.

Vorbereitungen für Schweitzers zweite Ausreise

Während Emmy Martin von 1920 bis etwa 1929 in der Mühle ihren Wohnsitz hat, laufen Vorbereitungen für Lambarene in Straßburg. Packräume bietet der Keller des Thomasstifts. Pfarrer Kuntz von der Reformierten Kirche bietet seinerseits seine Hilfe an. Zahlreich sind die Helfer und Helferinnen, nur Helene fehlt, die bei der ersten Ausreise tatkräftig mitgeholfen hatte. Dafür stehen Schweitzers Schwestern Louise Ehretsmann aus Colmar und Adèle Woytt in Straßburg dem Bruder zur Seite. Für Helene bedeutet die Ausreise ihres Mannes im Februar 1924 eine seelische Katastrophe. Bis zuletzt hatte sie gehofft, ihr Mann würde in Europa bleiben oder eine ihm von Zürich angebotene Professur annehmen. Lange zögert Schweitzer, dann bestellt er mitten in der Pause zwischen dem zweiten und dritten

Akt seiner Lieblingsoper *„Tristan und Isolde"* telefonisch ein Billett für den Frachtdampfer *„Orestes"*, der ihn von Bordeaux nach Afrika bringen wird.

Schweitzer ist schon ein Jahr in Lambarene, da finden seine Freunde endlich einen festen Sitz für die Lambarene-Arbeit in Straßburg in der Speichergasse. Anfangs sind es zwei Zimmer, bald kann weiterer Raum angemietet werden.

1925 - Verletzungen für Emmy und Helene

Zu Beginn des Jahres 1925 teilt Emmy Martin Helene Schweitzer mit, dass sie im Mai zusammen mit Mme Hartmann, einer alten Freundin und Förderin des Doktors, nach Lambarene fahren wird. Das bringt Helene völlig aus dem Gleichgewicht. Zuvor hatte sie ihrem Mann geschrieben, dass sie beabsichtige, zusammen mit Rhena ins Spital zu kommen. Doch dieser benötigt eine starke gesunde Frau, die ihm im Haushalt und bei der Korrespondenz hilft, da sich Emma Haussknechts Ankunft verzögert. Dafür fehlt Helene das Verständnis, sie ist verzweifelt, gesteht ihrem Bery, dass sie die Trennung immer schwerer verkrafte. Wie gerne wolle sie die Arbeit machen, die nun Frau Martin übernehmen soll.

Auch Schweitzer schmerzt seine Entscheidung. Auch für ihn ist sie nach wie vor ein echter Konflikt, sodass seine Nerven blank liegen. Emmy Martin erinnert sich noch 1969. In einem Brief an Hans Walter Bähr schreibt sie am 4. Januar:

„Es war im Jahre 1925, ich war gerade von Europa nach Port-Gentil gekommen. Der Doktor war da. Er war im Missionshause. Da brachte man einen schwer verletzten Mann, den ein Leopard auf der Jagd angefallen hatte und ihm den Arm zerrissen hatte ... Der Doktor befahl mir, seinen Arm festzuhalten, damit er ihm die Wunden desinfizieren und verbinden könne. Bols schrie furchtbar. Da fühlte ich wie meine Kräfte nachliessen, ich drohte umzufallen. Das merkte der Doktor, worauf er mich so furchtbar anschrie, dass es im Moment wirkte, und ich mich wieder ganz in der Gewalt hatte, bis der arme Bols fertig verbunden war."[6]

Emmys Bericht von 1925, mehrmals veröffentlicht, wird davon nichts enthalten. Doch dieses Erlebnis war auch nach 44 Jahren nicht aus ihrem Gedächtnis ausgelöscht. An gleicher Stelle erwähnt sie auch, Schweitzer habe sie noch einmal nach einem Singen angeschrien. Doch später nie mehr.

Produktive Jahre in Kork

Vielfach ist die Musik ein Anknüpfungspunkt, um Freunde für Schweitzer zu gewinnen. Eine ganz *„normale“* Sekretärin hätte es nicht geschafft, Organisten, Dirigenten oder Musiker im Sinne Schweitzers anzusprechen und für sein Lambarene-Werk zu werben. Doch nicht nur Musik-Liebhaber, sondern auch bekannte Humanisten wie Paul Desjardins und andere Literaten öffnen Emmy Martin ihr Haus, wo sie mit ihrer natürlichen, den Menschen zugewandten Art die Versammelten fesseln kann, wie am 26. Juni 1927, wenn sie von Schweitzer spricht.

Auch im heutigen Tschechien leistet Emmy Vorarbeit. Prof. Oskar Kraus von der Karls Universität in Prag ist einer der ersten, der sich mit der Philosophie Schweitzers auseinandersetzt. Emmy Martin wird im Herbst 1926 zu ihm ins Haus eingeladen. In der *„Urania“* darf sie einen Vortrag über Lambarene halten.

Schweitzers persönliche Beziehungen zu den Niederlanden sind bis 1928 gering. An Emmy Martin ergeht der Auftrag Kontakte herzustellen. Ihre Freundschaft zu Siegfried Ochs erweist sich als Türöffner. Er wendet sich an Maria Bahlmann. Sie ist die Seele der *„Niederländischen Bachvereinigung“*. Zusammen mit anderen Freunden stellt sie den Plan einer Vortragsreise durch ganz Holland auf und erreicht sogar die unentgeltliche Mitwirkung eines Chors von 30 Mitgliedern. Im Herbst ist es so weit. Schweitzer kann zu seiner großen Hollandreise aufbrechen, die ihn nach Arnheim, Deventer, Bussum, Amsterdam, Utrecht, Groningen, Herrebe, Den Haag und Leyden führt. Emmy, an seiner Seite, ist mit dem Registrieren der Orgel beauftragt. Frau Schweitzer, die ihren Mann noch zum Empfang des Goethepreises im August in Frankfurt am Main begleitet hat, ist zu erschöpft, um mitzukommen.

Auf späteren großen Reisen kann Emmy nicht mehr Orgel registrieren, zu sehr nimmt sie die Korrespondenz und das Kontaktherstellen in Anspruch. In ihr Tagebuch schreibt sie am 2. Mai 1932 in Utrecht:

„‘Ich sehe noch, wie er aus dem großen Salon kommend auf der Treppe steht und zu mir sagt: und jetzt an die Briefe, es gibt da noch gewaltig viel zu erledigen.‘“ (S. 61f)

Zentrale in Günsbach

„Goethe hat mir zu meinem Haus in Günsbach verholfen“, so ein häufiger Ausruf Schweitzers. Mit dem Preisgeld von 10 000 Mark hatte er das Haus erstellt. Der Bauplan geht in allen Einzelheiten auf ihn zurück.

Mitte 1929 ist die Begegnungsstätte in Günsbach als Rückzugs- und Erholungsort für seine Mitarbeiterinnen und Freunde fertiggestellt. Es soll eine Zentrale für sein Werk und Treffpunkt für Menschen sein, die von weit her kommen, um sich mit seiner Ethik vertraut zu machen. Die Wohnung im Parterre ist der Familie Schweitzer vorbehalten. Der erste Stock, mit Ausnahme eines Arbeitszimmers für den Doktor, wird Emmy Martin zugesprochen, und im Dachgeschoss können Gäste von außerhalb untergebracht werden.

Mit der Übersiedlung in Schweitzers Heimatort verlässt Emmy Martin die Mühle in Kork und richtet sich hier häuslich ein, sorgt aber auch dafür, dass die Anlaufstelle für Besucher zu einem Wohlfühlort wird. Nach wie vor bleibt die Speichergasse in Straßburg ein Absteigequartier und Sammelstelle für die eingehenden Pakete. Charles Michel ist dort der Ansprechpartner für alle helfenden Ehrenamtlichen.

Emmy Martin geht auf die Fünfzig zu, als sie die Führungsposition in Günsbach übernimmt. Doch diese Rolle fällt ihr nicht schwer. Inzwischen hat sie über ein Jahrzehnt mit Schweitzer zusammengearbeitet, kennt seine Arbeitsweise und hat gelernt, sich auf seine Wünsche einzustellen. Darüber hinaus verfügt sie über ein gutes Zeitmanagement. Zunächst bemüht sie sich um Kontakte, die durch den Krieg verloren gegangen sind. Ihr Einsatz ist häufig von Erfolg gekrönt. Die Verbindung zu dem Leiter der Firma Erard in Paris, Herrn Blondel, bewirkt, dass dem Haus 1930 ein Klavier mit Orgelpedal geschenkt wird.

Von besonderer Wichtigkeit ist die Kontaktaufnahme zu den Behörden in Paris. Da Gabun noch Kolonie ist und zentralistisch von Frankreich regiert wird, muss sie Tuchfühlung mit den zuständigen Behörden aufnehmen und um Erleichterung bei der Visavergabe für die Ärzte und Pflegerinnen nachsuchen, aber auch um Einfuhrerlaubnis medizinischer oder anderer Sendungen. Von Charles Widor (1845-1937), dem großen Organisten und Komponisten, bei dem Schweitzer 1898 Orgelunterricht genommen hatte und der ein Verehrer des Doktors war, holt sich Emmy mehrfach Rat.

Kompliziert und zeitaufwändig sind die vielen Bestellungen, die ihr Schweitzer aus Lambarene aufträgt. Er hat genaue Vorstellungen, was das Spital benötigt. Manches ist nicht immer einfach *„aufzutreiben"*. Es muss in einer Firma oder in einem Katalog gesucht und bestellt werden, u.U. ist zuvor nochmals Rücksprache mit dem Doktor aufzunehmen. Da kann der Briefverkehr zwischen beiden auch mal ruppiger werden. Wer die Listen für das Spitalinventar kennt, weiß, wieviel Mühe die Erledigung macht.

Wenn Ärzte oder Helferinnen nach Lambarene aufbrechen, sind sie beladen mit einer Reihe von Gegenständen und Geschenken, die nur teuer oder schwer mit der Post aufgegeben werden können. Für den Doktor persönlich werden Äpfel aus seinem Garten oder Walnüsse mitgegeben, weil er beides so gerne isst und im Urwald vermisst.

Nach wie vor, auch noch nach dem Zweiten Weltkrieg, müssen den Sendungen ins Spital oder nach Günsbach viel Überlegungen vorausgehen. Immer wieder erinnert Emmy Martin auch Richard Kik in Deutschland daran, er möchte nicht zu große Bücherpakete oder Briefe mit Bildern ihr zuschicken. Billiger komme es, wenn man die Sendungen teile. Für den Rundbrief treffen in Günsbach häufig Bilder von Besuchern aus Lambarene ein. Diese sortiert Emmy vor, schickt dieses oder jenes Foto an Dr. Schweitzer, er muss der Veröffentlichung zustimmen, danach bekommt Herr Kik die Erlaubnis, diese für den Rundbrief zu verwenden. Anschließend erbittet Emmy die Fotos für ihre Ablage zurück.

Emmys Briefe an Herrn Kik sind oft knapp, sachlich, in eiligem Stil verfasst, wenn sie um dieses oder jenes Büchlein in großer Stückzahl bittet, mit dem sie anderen Menschen eine Freude bereiten möchte. Überschwänglich sind jedoch Anerkennung und Dank an das Ehepaar Kik, wenn wieder ein Rundbrief herausgekommen ist. Sie hat eine Vorstellung davon, wieviel Mühe die Edition gemacht hat. Mit den Jahren werden ihre Briefe an die Eheleute Kik herzlicher und bis ins hohe Alter spricht sie Einladungen aus, die beiden möchten sie doch besuchen kommen, da sei einiges besser zu besprechen.

Im Sommer 1934 findet Schweitzer in Günsbach die Ruhe *„Die Weltanschauung der Indischen Denker“* abzuschließen. Auch im folgenden Jahr verläuft sein 60. Geburtstag in Straßburg ohne viel Aufhebens. Schweitzer ist dies recht. Schon ab Februar ist er wieder in Lambarene.

Zeit um den Zweiten Weltkrieg

Für Emmy Martin bedeutet es, das Haus in Günsbach durch den Zweiten Weltkrieg hindurchzuretten. Bis zum Sommer 1944 gelingt es ihr mit Hilfe von Freunden, eine teilweise Beschlagnahme zu verhindern. Doch im Januar 1945 rücken alliierte Truppen im tiefen Schnee heran, und das Dorf kommt unter Beschuss. Nun ist nur noch ein Leben im Keller möglich. Während rund um Colmar der Krieg tobt, bleibt das Haus in Günsbach relativ verschont. Granatsplitter finden sich später überall verstreut im Garten.

Auch ihr Sohn Hans und seine junge Frau Lore Pfeiffer sind in Freiburg im Breisgau dem Bombenhagel entkommen. Zwei Jahre zuvor hat Emmy ihren in Russland schwerverletzten Sohn aus einem Magdeburger Lazarett unter widrigsten Gegebenheiten in den Schwarzwald zurückbringen können. Max Planck, der in Rogötz bei Magdeburg zurückgezogen lebt, schreibt zur Hochzeit von Hans Martin: *„'Gott gebe, dass der Krieg nicht noch lange dauert und ein erträgliches Ende nimmt!“'* (S. 67) Planck, der schon1947 starb, musste erleben, dass sein Sohn Erwin im Januar 1945 infolge eines Attentatsversuchs auf Hitler in Berlin-Plötzensee hingerichtet wurde. Dies teilt Emmy Dr. Schweitzer mit.

Abgeschnitten von Nachrichten aus Lambarene verwaltet Emmy Martin das Haus so gut es geht. Bald nach Beendigung des Krieges nimmt sie wieder Kontakt mit Paris, der Schweiz und Holland auf. In Rotterdam wohnt sie im Sommer 1946 bei den Freunden Mees; der Park steht in Blüte, Schwäne treiben auf dem See, doch der Sohn der Familie ist gefallen. Überall nimmt Emmy die Hinterlassenschaften des Krieges wahr. Für den Doktor stellt sie eine Liste der vielen zerstörten Orgeln zusammen, auf denen er bei seinen Konzerten gespielt hatte.

Überprüfung der Ausreisewilligen

Bevor Ärzte, Helferinnen und Krankenschwestern nach Lambarene ausreisen können, müssen sie sich bei Frau Martin einer Eignungsprüfung unterziehen. Auf diese Weise soll sichergestellt werden, dass junge Menschen den harten Anforderungen des Urwaldklimas gewachsen sind und im Spital tatkräftig zupacken können und nicht nur von Abenteuerlust beflügelt sich auf den Weg machen.

1947 fasst die Niederländerin Ali Silver den Entschluss, bei Dr. Schweitzer als Krankenschwester zu arbeiten. Sie meldet sich bei Emmy Martin. Ali hat zwar das Mindestalter von 25 Jahren mit ihren 33 Jahren schon bei weitem überschritten, doch sie muss erst Französisch lernen, bevor sie ausreisen darf. Bei Bewerberinnen, die aus dem Elsass kommen, läuft die Prüfung kürzer ab. Frau Martin erkundigt sich nach Ausbildung, bisheriger Arbeit, Beruf des Vaters und Gesundheit. Nach ihrer Einschätzung, die viel Fingerspitzengefühl und Menschenkenntnis verlangt, schreibt sie ihre Empfehlung an Dr. Schweitzer und dieser schickt dann eine Einladung. Danach besorgt Emmy die Tropenausstattung und bucht die Reise.

Eine nicht so gute Erinnerung hat Sonja Poteau (damals Müller) an den ersten Besuch in Günsbach. Rückerinnernd äußert sie sich im Sonntagsblatt 3/2015: *„'Nein, kein Platz'"*, so lautete der Empfang. Sie spricht von einem strengen Regiment der Hausherrin. Enttäuscht sei sie heimgefahren, doch nach einigen Wochen erhält sie ein Telegramm, sie sei eingestellt, und ein Flugticket liege in Straßburg bereit. Da ahnt sie, dass Frau Martin sie nur testen wollte. Im April 1954 kommt Sonja Müller in Lambarene an. Sie wird dort sieben Jahre arbeiten und später selbst die Zentrale in Günsbach leiten.

Die 50er – 60er Jahre

Spätestens als Schweitzer 1949 seine Amerikareise hinter sich hat, und die Zeitschrift *„Life"* ihn zu seinem Entsetzen zum *„größten Mann des 20. Jahrhunderts"* auf die Titelseite setzt und auch andere große Illustrierte diese Nachricht aufgreifen, wird Schweitzer berühmt und Günsbach zu einer Begegnungsstätte, die den Ansturm bald nicht mehr verkraften kann. Emmy fühlt sich oft sehr müde, von *„Work-Life-Balance"*, wie es heute viele in ihrem Beruf fordern, ist ihr Leben weit entfernt. Geschmacklose Zeitungsartikel, die in jener Zeit nicht ausbleiben, empören sie zutiefst. Sehr genau nimmt sie die Presse wahr, sie liest alle Publikationen, die über den Urwaldarzt herauskommen und ihr zugänglich sind. Ihre Beurteilungen gibt sie an Schweitzer und Freunde weiter.

Viel Arbeit bringen ein Konzert zu Bachs Geburtstag im Juli 1954 in der Straßburger Thomaskirche und die Oslo-Reise im November, die Schweitzer mit ihr in Günsbach vorbereitet. Nur für einige Tage unterbricht er sein Tun, um Helene in Königsfeld zu besuchen. Die Ehefrau fühlt sich wie auf einem Abstellgleis; denn ihr Ehemann ist die meiste Zeit mit Frau Martin in Günsbach zusammen. Sind da Gefühle der Vernachlässigung und Eifersucht nicht nachvollziehbar? Daher möchte Helene auch nicht, dass diese Mitarbeiterin ihren Mann nach Oslo begleitet; hat sie doch erlebt, dass Frau Martin schon öfters für seine Gattin gehalten wurde. Schweitzer ist wenig berührt von Helenes Äußerungen, obwohl sie ihm mit Scheidung droht und dies öffentlich machen will, wenn er Frau Martin mitnimmt.[7] Stur setzt Schweitzer seinen Plan durch und bricht mit Frau Martin auf. Helene wird später nachreisen. Während der Preisverleihung am 4. November in Oslo sitzt sie in sich gekehrt neben ihrem Mann, die Verärgerung ist ihr ins Gesicht geschrieben. Erst beim Fackelzug der Studenten an seiner Seite drückt ihre Mimik aus, dass sie mit sich im Reinen ist und den Augenblick genießt.

Die Arbeitsbelastung wird für Emmy Martin nach der Oslo-Reise immer größer. Sie steht nahe vor einem Burn-out. Mit ihren über 70 Jahren ist sie in einem Alter, in dem andere sich längst ihres Rentendaseins erfreuen. In einem Brief an Richard Kik schreibt sie am 15.1.1955, dass weder in der Schweiz, Holland, Dänemark, England noch in anderen Ländern ihre Adresse stehen darf. Sie bekomme zu viele Anfragen, die sie nicht mehr erledigen kann, und dies, obwohl ihr im Sommer 1954 Ali Silver bei Büroarbeiten hilft. Einige Aufgaben delegiert sie nun an Richard Kik in Heidenheim. Er soll Überweisungen ausführen und Bücher versenden. Er sei der offizielle Vertreter für Albert Schweitzer in Deutschland, teilt sie ihm mit. Im Juli 1957 bekommt sie im Büro Unterstützung durch Sophie von

Eckhardstein, mit der sie sehr zufrieden ist. Auch fürs Kochen hat sie eine Hilfe. Doch die Beköstigung all ihrer Gäste erfordert viel Zeit und Mühe, zumal Emmy es schön haben will und nicht, wie heute vielfach üblich, Geschirr, Besteck und Schüsseln auf blankem Tisch serviert. An Professor Bähr schreibt sie am 14.9.57: *„täglich zwölf bis vierzehn Personen zu Tisch"*. Etwa alle zwei Wochen bekommt sie Besuch von ihrer Familie, von ihrem Sohn Hans mit Ehefrau Lore und den Enkelkindern Suzanne und Christoph. Nur ganz selten gibt Frau Martin Persönliches preis, aber sie erwähnt an Kik, sicherlich nicht ohne Stolz, dass ihre Enkeltochter das Orgelspiel des Doktors sehr genossen habe.

Emmys Reisen nach Lambarene – Schweitzers Tod

Emmy Martin besucht Lambarene insgesamt neun Mal, genauso oft war Helene Schweitzer dort. Ihre ersten Reisen unternimmt sie ab 1925 per Schiff. Im Juli 1961 benutzt sie erstmalig ein Flugzeug. Schweitzers Enkelinnen Christiane und Catherine begleiten sie. Bis zum Sommer 1962 hat sie das Spital sechsmal aufgesucht.1963, 1964 und 1965 folgen weitere Lambarene-Aufenthalte. Bei den drei letztgenannten ist Sophie von Eckhardstein ihre Begleiterin. Besonders schöne Passagen enthält ihr Bericht von 1963. Der Schriftsteller Thornton Wilder lobt Emmys Stil jedoch schon in einem Brief vom 14.4.1959:

„'Oh! Das hatten Sie vor uns verborgen gehalten, dass Sie auch diese Begabung besitzen: so natürlich und vor allem auf so bildhafte Weise zu schreiben. Man ist zugegen; man sieht es vor sich...Wir Männer haben es schwer, schreiben zu lernen – aber es gibt Frauen, die sich plötzlich und wie zufällig als geborene Schriftstellerinnen zeigen. Ich bin eifersüchtig.'" (S. 148)

Emmys Reise vom 1. Juli bis 16. September 1965 lässt sie Schweitzers letzte Tage erleben. Einen Tag nach seinem Tod am 4.9. schreibt sie an Dr. Otto Michel nach Tübingen, um dem Professor Schweitzers letzte Grüße und einen Dank auszurichten. Der Brief ist knapp gehalten und lässt ihre Gefühle nicht durchblicken.

Erst der Weihnachtsbrief 1965 an Professor Bähr gibt preis: *„Welche Fügung, dass ich bis zu dem seligen Ende des Doktors bei ihm* *sein durfte ... Wie dankbar bin ich dafür. Ich bin noch sehr müde.“* [8]

Jahrelang hält Emmy der Beanspruchung durch Schweitzer stand. Doch mit seinem Tod verringern sich auch ihre Kräfte. Gedanken der Trauer mischen sich mit Erinnerungen an Erlebtes. Wie viele Stunden hatte sie Seite an Seite mit Schweitzer verbracht. Wie viele Briefe nach Lambarene geschrieben, um Erlaubnis für Veröffentlichungen u.a. gebeten. Der *„Docteur“* war derjenige, der das letzte Sagen gehabt hatte und dem sie sich unterzuordnen wusste.

Emmy Martins letzte Lebenszeit

Es vergehen noch eindreiviertel Jahre, bis Emmy in der Günsbacher Zentrale Unterstützung bekommt. Es ist die ihr vertraute Ali Silver, die wie sie bei Schweitzers Tod in Lambarene anwesend war und genauso wie Emmy unter den Veränderungen, die seit Schweitzers Ableben eingetreten sind, leidet. Beide Frauen, jede auf ihre Weise, waren mit dem Doktor eng verbunden und müssen nun Trauerarbeit leisten. Für Ali jedoch ist es einfacher, als sie im Mai 1967 in Günsbach eintrifft, ihren Schmerz zu überwinden. Sie ist jünger und die Arbeit in der ihr bereits bekannten Umgebung erfordert ihre ganze Aufmerksamkeit. Emmy hingegen ist müde. Aufgrund ihres Alters fällt eine Neuorientierung schwer und auch das Umgestalten der ehemaligen Schweitzer-Wohnung, ist nicht dazu angetan, sie fröhlich zu stimmen.

Ab Mai 1968 befindet sich Ali vorwiegend auf Reisen. In Japan, Korea, Taiwan hält sie Vorträge über Dr. Schweitzer, und später ist sie in Weimar zur Einweihung des Schweitzer-Denkmals. Emmy hingegen fühlt sich nach ihrer letzten Lambarene-Reise 1965 zum Reisen zu müde. Von Müdigkeit spricht sie in jedem nun folgenden Brief an Richard Kik. Sie besucht nur noch ihre Familie in Staufen im Breisgau und verbringt dort die Feiertage. Nur gut eine Stunde Autofahrt trennt sie von ihren Lieben.

Ali kommt von ihrer Fernostreise energiegeladen nach Günsbach zurück. Nun packt sie die Umgestaltung der Bibliothek und der Vitrinen an und bestellt Tischler für die Anfertigung neuer Regale. Das wiederum schmerzt Emmy. Veränderungen im häuslichen Bereich kann sie in ihrem Alter schwer verkraften. Da bleiben Spannungen nicht aus, unter denen auch die sensible Ali leidet. Unbewusst nimmt sie Emmy nach und nach die Zügel aus der Hand und geht die notwendigen Aufgaben an. Dabei versucht sie, mit der alten Dame behutsam umzugehen.

Geistig ist diese bis zum Schluss fit und lebendig. Nach und nach zieht sie sich in ihre Wohnung zurück. Lesend und schlafend verbringt sie die Tage. Das Mittagessen nimmt sie zusammen mit den anderen Damen im Haus ein. Obgleich es immer Alis Besorgnis war, Frau Martin könne einmal stürzen oder sich irgendein Leiden zuziehen, tritt dies alles nicht ein. Es ist der 29. September 1971 als Emmy Martin im 89. Lebensjahr ganz ruhig nach einem Mittagessen für immer einschläft. Ihre letzte Ruhestätte findet sie auf dem Friedhof in Günsbach. Im Oktober danken der Sohn, Dr. Hans Martin, Sophie von Eckhardstein und Ali Silver für die zahlreich eingegangenen Beileidsbekundungen. Ali Silver ist nun die offizielle Leiterin des *„Maison Albert Schweitzer"*.

Emmy Martin - Helene Schweitzer: eine Gegenüberstellung

Mehrfach wurde schon angedeutet, wann und wodurch Spannungen zwischen Emmy Martin und Helene Schweitzer Bresslau auftraten. Beide Frauen kamen aus einem guten Elternhaus, das ihnen Bildung und Freiräume ermöglicht hatte. Sie waren emanzipiert, zeigten Stärken, waren aber zu bescheiden, um ihre Verdienste herauszustellen. Diese klugen, intelligenten Persönlichkeiten, ausgestattet mit einer Vielzahl von Fähigkeiten, liebten die Musik und übten sie auch aus. Ihr Sprachstilempfinden befähigte sie, weit über Grenzen hinaus Kontakte aufzubauen, sich in mehreren Sprachen gut auszudrücken und Schweitzers Schriften zu korrigieren. Menschliche Not berührte beide, und sie nutzten ihre Möglichkeiten diese zu mindern. Energisch traten sie für Schweitzers Ethik der Ehrfurcht vor dem Leben ein. Verdienstvoll waren sie im Dienen dem Lambarene-Werk verbunden. Im Alter trennten sie nur drei Jahre.

Doch trotz aufgezeigter Gemeinsamkeiten begegneten sich hier zwei unterschiedliche Charaktere und Lebensführungen. Helene hatte durch ihre jüdische Herkunft und die Erlebnisse während des Dritten Reichs viel durchzumachen, was sie seelisch schwächte. Gravierender jedoch fällt ins Gewicht ihre häufig nicht vorhandene Gesundheit. Mehrfach bangte Schweitzer um das Leben seiner Frau. Viel Kraft hatte Helene immer wieder aufzubringen, um gegen ihre Tuberkulose-Erkrankung anzukämpfen. Ein Mensch, der diese Erfahrungen und die damit verbundenen Einschränkungen erlebt, kann leicht das seelische Gleichgewicht verlieren und auch mürrisch, gereizt auf weitere Umwelteinflüsse und Menschen reagieren, wenn er sich überfordert fühlt und die Umgebung wenig Einfühlung zeigt.

Von allen Mitarbeiterinnen Schweitzers stand Emmy Martin dem Doktor am nächsten. Sie war mit guter Gesundheit ausgestattet, robust, dabei warmherzig und vor allem belastbar. Ihre Ausstrahlung zog viele Menschen in den Bann. Sie konnte selbständig arbeiten und wusste, wie man ein Netzwerk aufbaut, schon in einer Zeit, in der heutige Medien unbekannt waren. Für Schweitzer war sie unabkömmlich. Eine derartige Hilfskraft benötigte der Mann, der sich selbst sein ganzes Leben lang bis zum letzten verausgabte, sodass alle seine Mitarbeiterinnen immer Angst um seine Gesundheit hatten. Getrieben von Plänen, die er ausführen wollte, fehlte ihm die Einfühlung für seine Frau, vor allem, wenn es kompliziert wurde. Das beste Beispiel dafür ist, dass er ohne Helene mit Emmy Martin nach Oslo aufbrach und sie allein nachreiste. Heute würde manche Frau aus diesem Verhalten ihre Konsequenzen ziehen, aber Schweitzer wusste genau, dass seine Helene sich wieder mit ihm versöhnen würde.

Abschließende Würdigung

Emmy Martin stand 50 Jahre im Dienst Albert Schweitzers. Sie kommunizierte über Länder, Grenzen und Kontinente hinweg, immer dem Werk des Doktors verbunden, die eigene Karriere als Sängerin war ihr nicht mehr wichtig.

Ihre Arbeit für Lambarene beginnt mit dem Kistenpacken für das Urwaldspital. Die genaue Aufzeichnung der Inhalte, das Überlegen, wer kann was bei der Überfahrt mitnehmen, wie kann man den Zoll umgehen, bei allem zeigen sich schon ihr Mitdenken, ihre Fähigkeiten, ihre Kompetenz. Sehr bald erkennt Schweitzer die Stärken der gebildeten Frau, und er weiß sie zu nutzen, beim Registrieren der Orgel, beim Korrekturlesen und der Korrespondenz.

In relativ kurzer Zeit wächst die Mitarbeiterin in ihre Aufgaben hinein, und es entsteht ein besonderes Vertrauensverhältnis zwischen beiden, in der ihre Eigeninitiative gefragt ist. Seine Beauftragung für die Kulturphilosophie einen geeigneten Verlag zu finden, ist dafür ein Beweis. Emmy empfindet Freude und Befriedigung bei all ihren Herausforderungen, und das stärkt ihre Kräfte und lässt Ideen wachsen. *„'Ich darf arbeiten und für andere Menschen da sein- so geht es fröhlich weiter, allezeit mit Liebe'"*, (S. 127) schreibt sie in einem Brief an ihre Freundin Berta Schleicher. Mit einer solchen Lebenseinstellung, die zutiefst ethisch und vor allem christlich ist, wachsen ihr Kräfte auch dann zu, wenn sie übermüdet ist. *„'Die Arbeit ... empfinde ich immer als eine große Gnade, dass ich sie tun darf'"*, so äußert sie sich ein anderes Mal gegenüber der Freundin. (S. 127)

Dr. Hermann Baur hebt 1964 in seiner Würdigung hervor, es sei Frau Martins Verdienst gewesen, dass immer Freunde und Helfer aus allen Ländern sich zur Hilfe an Schweitzers Werk eingefunden haben. Wenn Ali Silver 1968 ihre Ostasienreise unternimmt; dann gehen diese Kontakte auf Emmy zurück; sie hat sie ins Leben gerufen.

Mit dem Umzug von der Korker Mühle nach Günsbach vermehren sich Emmys Pflichten. Das neue Haus wird zu einer Ideenschmiede, zu einer einladenden Stätte für Menschen aus nah und fern. Der Briefverkehr nimmt ständig zu, ebenso die Gespräche mit Ärzten, Theologen, Musikern. Immer ist sie hilfsbereit, zeigt dem fremden Besucher Wege auf, sucht nach verkehrstechnisch günstigen Reiseverbindungen, berät, was in der Umgebung unbedingt zu besichtigen sei oder erklärt, was man für Afrika benötigt. Sie ist die Seele des Hauses, und so wird sie von vielen Besuchern auch empfunden. Anfragen von Schulen kommen, sie sind zu beantworten oder aber es ist Dank auszusprechen. Jeder Brief muss inhaltlich sachlich, aber auch persönlich und herzlich sein. Unverhoffte Gäste sind zu bewirten und im Ort unterzubringen. Die Bücher, die inzwischen über Schweitzer kursieren, liest sie und gibt Leseempfehlungen.

„Bei ihr erfährt man bald, welche Bücher über den Docteur etwas taugen und welche nicht", so Dr. Hermann Baur (S.137). Otto Heuschele sieht in Emmy Martin nicht nur eine tätige Frau, sondern *„eine aufnehmende sensible Leserin"* all dessen, was ihr in die Hände kommt. (S. 143)

I.D. Newth, Leiter eines Verlags in London, der Frau Martin mehrfach in Günsbach erlebte, spricht voller Bewunderung über die organisatorische und verwalterische Begabung und meint, dass jeder andere Betrieb in der Geschäftswelt einen großen Mitarbeiterstab benötigen würde, für das, was Emmy hier leistet. (Vgl. S. 152)

Doch dies wusste auch Albert Schweitzer. Schon 1931 schreibt er über sie: *„'Ihre Stärke ist Arbeit und die Gabe, die Sympathie der Menschen zu gewinnen'“*. (S. 74) Mit diesem Ausspruch hat er sie treffend charakterisiert.

Wer sich auf Albert Schweitzer einlässt, kommt an Emmy Martin nicht vorbei. Auch die Rundbriefe des Deutschen Hilfsvereins für das Albert-Schweitzer-Spital in Lambarene e. V. und des Albert-Schweitzer-Komitee e. V. in Weimar nehmen nach ihrem Tod Reiseerlebnisse auf. So wird sie auch denen bekannt, die ihr nie gegenübergestanden haben. 1984 hält Leonore Englmaier in Dresden einen Vortrag mit dem Thema: *„Emmy Martin - ein Leben für Albert Schweitzer und sein Werk“*. Auch in später erscheinenden Büchern wird Emmy immer wieder erwähnt. Sie hat es verdient, dass sie unvergessen bleibt. Abschließend aufnehmen möchte ich noch die Worte von P. Dominique Pire aus Huy / Belgien, dem Träger des Friedensnobelpreises von 1958 (S. 150):

„Liebe Frau Martin!
Meine Mitarbeiter wissen aus persönlicher Erfahrung, wieviel Geduld man braucht, um mir zu helfen. Vielleicht haben Sie dieselbe Erfahrung gemacht, als Sie unserem gemeinsamen Freund Albert Schweitzer so lange Zeit dienten. Einem Menschen dienen, der sich dem Frieden gewidmet hat, ist doppeltes Dienen. Es bedeutet einmal, dem Frieden zu dienen, und dann, demütig zu dienen durch Dienst an einem Diener des Friedens! Einem Diener zu dienen, ist zuweilen schwieriger, als selber unmittelbar einem Ideal zu dienen.
Dank, liebe Frau Martin, für so viele Jahre, die Sie unserem gemeinsamen Freund und Bruder geschenkt haben, und Grüße in treuester Freundschaft.

Huy, den 23. Juli 1965.
P. Dominique Pire“

Wenn Emmys Briefwechsel, den z. Zt. Walter Schriber bearbeitet, einmal veröffentlicht ist, werden wir wohl Weiteres über Schweitzers engste Mitarbeiterin erfahren.

Verwendete Literatur

Robert Minder, Hans Walter Bähr (Hrsg.): Emmy Martin.
Die Mitarbeiterin Albert Schweitzers, Katzmann Verlag, Tübingen 1964.

Emmy Martin: Zwei Ordner aus dem Deutschen Albert-Schweitzer-Zentrum Offenbach a.M. (DASZ).

James Bentley: Albert Schweitzer. Eine Biographie, Benziger Verlag AG, Zürich 1993.

Chronik: 50 Jahre nationales und internationales Engagement für das praktische und geistige Werk Albert Schweitzers, Albert-Schweitzer-Komitee in der Deutschen Demokratischen Republik, Albert-Schweitzer-Komitee e. V. in der vereinigten Bundesrepublik Deutschland 1963 – 2013.

Eliane Lehmann: Meine Jahre im Spital Dr. Albert Schweitzer Lambaréné, Reber Editions, Feb. 2016.

Nils Ole Oermann: Albert Schweitzer 1875-1965. Eine Biographie, Verlag C.H.Beck, München 2009.

Verena Mühlstein: Helene Schweitzer Bresslau. Ein Leben für Lambarene, Verlag C.H.Beck, München 1998.

Harald Steffahn: Schweitzer, rororo Bildmonographien,13. Auflage, Juni 1998.
Sonntagsblatt Thema Albert Schweitzer. Ehrfurcht vor dem Leben, Evangelischer Presseverband für Bayern, München 3/2015.

Roland Wolf: Albert Schweitzers Erben. Ein weltweites Netzwerk engagierter Freunde und Förderer. Beiträge zur Albert-Schweitzer-Forschung, Band 12, LIT VERLAG Dr. W. Hopf, Berlin 2018.

Roland Wolf: Albert Schweitzer und sein Spital in Lambarene. 60 Jahre unmittelbares menschliches Dienen. Beiträge zur Albert-Schweitzer-Forschung, Band 13, LIT VERLAG Dr. W. Hopf, Berlin 2021.

Anmerkungen

1 Emmy Martin an ihre Freundin Berta Schleicher.
2 Robert Minder, Hans Walter Bähr (Hrsg.): Emmy Martin.
Die folgenden Seitenzahlen in Klammer verweisen auf dieses Buch.
3 Brief im Deutsches Albert-Schweitzer-Zentrum Offenbach am Main (DASZ).
4 Ebd.
5 Später sollte 1949 in Basel unter der Leitung von Pfarrer Hans Baur der erste Hilfsverein für Lambarene entstehen.
6 Siehe Archiv Deutsches Albert-Schweitzer-Zentrum Offenbach am Main
7 Vgl. Bentley, S. 215 und Oehrmann, S. 239 f.
8 Brief vom 26.12.1965, Archiv DASZ.

Vor 100 Jahren

Auf der Rückreise entsteht die Rede zu Goethes 100. Todestag

Roland Wolf

Albert Schweitzer im Jahre 1924

Wie wir in der letzten Folge (siehe Rundbrief Nr. 115/ 2023, S. 84ff) erfahren haben, hatte sich die geplante Abreise wegen der schwierigen Verhandlungen mit der Missionsgesellschaft länger als von Schweitzer geplant hinausgezögert. Doch nach der Vertragsunterzeichnung im Dezember springt die Ampel auf Grün. Missionsdirektor Allégret äußert die Hoffnung, dass *„man nun Hand in Hand schreiten könne zum Wohle des Werkes, dem man diene“*. Und er wünscht Schweitzer alles Gute für die letzten Wochen vor der Abreise, für die Reise und die Einrichtung in Lambarene, und er vergisst auch nicht die, die Schweitzer zurücklässt.

Für Schweitzer war noch eine Frage wichtig: die der Öffentlichkeit seines Vorhabens. Deshalb erinnerte er Missionsdirektor Allégret in seiner Antwort an eine Abmachung, die er vor seiner ersten Ausreise 1913 mit dem damaligen Direktor Bianquis getroffen hatte. Um die Wichtigkeit zu betonen, sind die entsprechenden Zeilen dick mit rotem Buntstift unter- und am Rand noch einmal angestrichen.

„Ich hatte mit M. Bianquis eine Abmachung getroffen, dass das ‚Journal des Missions‘ nichts über mich veröffentlichen würde, ohne mich in Kenntnis zu setzen und mich zu fragen, ob das angebracht sei. Ich bitte Sie, diese Abmachung bis auf weiteres wieder in Kraft zu setzen. Veröffentlichen Sie nichts über meine Abreise, meine Reisepläne ... Je weniger man zurzeit von mir spricht, desto besser ist es. Zuerst will ich in Lambarene wieder Fuß fassen. Das ist doch abgemacht.“

Am 14. Februar 1924 verließ Albert Schweitzer Straßburg. Helene und Tochter Rhena waren in den Wochen davor aus dem im Mai 1923 bezogenen Haus in Königsfeld gekommen, um die letzten Wochen vor der Abreise mit Mann und Vater zu verbringen. Schweitzer dankte seiner zurückbleibenden Frau für ihre Tapferkeit in einem Brief dafür, *„dass du so groß warst beim Abschied, überhaupt für alle Größe, die du in diesen für dich in mehr als einer Hinsicht so schweren Tagen bewiesen hast. Darin warst du wirklich MG [Meine Große]. Ich kann mir vorstellen, was es für dich* *sein muss, andere die Mitarbeit ausführen zu sehen, die dir zufiele, wenn du die Kraft dafür hättest. Ich habe so mit dir gelitten darum, dass ich stundenweise ganz arbeitsunfähig war".*

In Bordeaux bestieg Schweitzer den holländischen Frachtdampfer Orestes, auf dem er sich mehr Ruhe zum Arbeiten erhoffte als auf dem Postdampfer, wo er immer durch Passagiere in Anspruch genommen wurde. Doch die Ruhe hatte ihren Preis, wie Schweitzer schreibt:

„In der Kabine ist es grimmig kalt, als wären wir als Gefrierfleisch nach Afrika verfrachtet worden. Die Dampfheizung ist unbrauchbar".

Es kam noch schlimmer. Im Hafen von Freetown, Sierra Leone, nahm das Schiff fünfzig afrikanische Arbeiter an Bord, die beim Ein- und Ausladen helfen sollten. Die Folgen machten sich bald bemerkbar:

„Am Tage nachdem wir Freetown verlassen haben, werden die Krooleute [Bezeichnung für die angeworbenen Arbeiter] versammelt und jeder bekommt einen Hammer in die Hand. Ahnungslos sehe ich mir diesen Appell an. Nach einer Viertelstunde beginnen fünfzig Hämmer auf den Eisenteilen des Decks herumzuhämmern und hören damit erst am Abend auf. Am andern Morgen weckt mich dasselbe Konzert aus dem Schlaf und hält wieder den ganzen Tag an. Am dritten Tage ebenso. Etwas beklommen fragte ich den ersten Offizier, wann man mit dieser Arbeit wohl fertig sein wird. Lachend antwortet er, dass die ‚Schiffskapelle' auf der ganzen Fahrt so weiterspielen wird. Um die Krooleute zu beschäftigen – jeder bekommt zwei Schilling im Tag –, benutzt man die Gelegenheit der Afrikafahrt mit der herrlichen Sonne und den vielen regenlosen Tagen, um alle erreichbaren Eisenteile des Schiffes neu zu streichen. Dazu muss aber erst die alte Farbe abgeschlagen werden, was eine langwierige Arbeit ist.

Nun ist das Idyll der Fahrt auf dem Frachtdampfer zu Ende. Man weiß nicht mehr, wohin sich vor dem Gehämmer retten. Am Abend kann man es vor Kopfschmerz nicht mehr aushalten. Nach einigen qualvollen Tagen entdecke ich ein Plätzchen hinten auf der Schraube, das ich mir mit Brettern und altem Segeltuch überdecke, zum Schutze gegen die Sonne. Hier ist es einigermaßen erträglich".

Außer einem nach Kamerun reisenden Ehepaar waren nur Schweitzer und als sein Begleiter ein Oxforder Student an Bord. Nach ihm hatte Schweitzer bewusst außerhalb der üblichen

Rekrutierungskanäle gesucht, denn er wollte keinen medizinischen Helfer, sondern jemanden, der ihn in Englisch unterrichten konnte. Helene, die das Englische perfekt beherrschte und bisher die Korrespondenz in dieser Sprache geführt hatte, war ja mit Tochter Rhena in Königsfeld geblieben.

Während seines Aufenthaltes in England 1922 hatte Schweitzer die Amerikanerin Emily Rieder kennengelernt, deren verstorbener Mann aus dem Elsass stammte. Der einzige Sohn, der 1904 geborene Noël Alexander Rieder, hatte seinen Namen nach seiner Großmutter in Gillespie umgeändert. Als er von Schweitzers Plan hörte, bot er ihm seine Dienste an, worauf Schweitzer antwortete:

„Sehr geehrter Herr,
Ich suche einen jungen Mann, der mich als Gefährte, Sekretär und vor allem als Englischlehrer für sechs Monate nach Afrika begleitet. Wir würden Ende Januar aufbrechen, einen Monat im englischen Kamerun umherreisen und von da nach Lambarene gehen. Dort würden Sie mir helfen, das Haus instand zu setzen, das Spital zu organisieren.“

Schweitzer und Gillespie waren sich schnell einig und bestiegen so zusammen in Bordeaux das Schiff. Während des zweitägigen Aufenthalts in Dakar beruhigte Schweitzer Noëls Mutter:

„Ein paar Worte nur um Ihnen zu sagen, dass Noël und ich uns sehr gut verstehen. Er ist sehr lieb zu mir und tut mir wohl. Ich fange langsam an, aus der Dumpfheit meiner Müdigkeit zu erwachen. Auch als Englischlehrer ist er ausgezeichnet und hat viel Geduld mit dem alten Esel, der eine neue Sprache in seinen Kopf eintrichtern soll“.

Zwar war die Schiffsreise insgesamt problemlos, aber keineswegs ereignislos. Zweimal musste Schweitzer sein ärztliches Können an Bord unter Beweis stellen. Zunächst operierte er einen an einem Zahngeschwür leidenden schwarzen Knaben, den zwei in Accra zugestiegene Engländer bei sich hatten. Und auf der Weiterfahrt nach Cotonou bewährte er sich als Geburtshelfer und als Geistlicher, wie Gillespie im Brief an seine Mutter berichtete:

„Am nächsten Morgen ein großes Ereignis! Eine Dame, die zu ihrem Mann nach Douala reist, hat einen Sohn geboren, als wir um 10 Uhr in Cotonou ankamen. Dr. Schweitzer hat einen Teil der Nacht bei ihr

gesessen, und alles ist sehr gut abgelaufen. Das Peinliche war, dass sie eine so baldige Niederkunft nicht erwartete und an Notwendigem nichts mitgenommen hatte in der Annahme, alles in Douala zu finden. So haben wir alles improvisieren müssen. Der Doktor pflegt die Dame, und ich bin Kindermädchen. Ich habe versucht, Erstlingswäsche, d.h. ein paar Hemdchen zu fabrizieren, und viel Zeit dazu gebraucht. Als Windeln nahmen wir Tischservietten. (...) Der nächste Tag war ein Sonntag, und da die Dame katholisch ist, wünschte sie, dass ihr Kind sofort getauft würde. Also taufte Dr. Schweitzer den Kleinen im Zimmer seiner Mutter am Sonntagmorgen. Anwesend waren der Kapitän, der erste Offizier, der erste Maschinist, der Hofmeister und ich. Anschließend hat der Kapitän Champagner offeriert."

Wie vorgesehen unterbrach Schweitzer die Reise in Kamerun, um dort in dem von den Engländern verwalteten Westteil des Landes eine verwaiste Station der Basler Mission in Nyasoso zu besuchen. Kenner der Gegend hatten ihm diesen Ort vorgeschlagen für den Fall, dass er einmal ein zweites Spital neben dem in Lambarene gründen könnte.

Das Haus der Mission in Nyasoso, das Schweitzer vorfand, war zehn Jahre nach der Vertreibung der Missionare noch in einem ziemlich guten Zustand.

„Die Basler haben solide gebaut. Aber es würde doch ziemlich viel Arbeit und Geld kosten, es wieder bewohnbar zu machen."

Und das im Bergland liegende Nyasoso war für Kranke nicht leicht zu erreichen. In seine gründlichen Überlegungen wollte Schweitzer den englischen Statthalter der Region einbeziehen und reiste deshalb weiter in das 1000 Meter hoch gelegene Buea, in dessen günstigem Klima vor dem Krieg auch der deutsche Gouverneur residierte.

„Wir sind für zwei Tage Gäste des englischen Residenten, Major Ruxton, der uns mit seiner Gemahlin einen herzlichen Empfang bereitet. Die Fragen eines eventuellen Spitales in Nyasoso werden durchgesprochen, und ich bekomme die Versicherung, dass mir die Regierung, wenn der Plan sich einmal verwirklichen sollte, das größte Entgegenkommen beweisen werde. Zugleich aber erfahre ich, dass die Basler Mission wahrscheinlich die Erlaubnis erhalten wird, ihre Wirksamkeit auf ihren Stationen im englischen Völkerbunds-Kamerun wieder aufzunehmen. Da wird fraglich, ob in den Missionshäusern zu Nyasoso noch Platz für mich sein wird."

Für Schweitzer war der Plan, in Kamerun ein zweites Spital zu errichten, nun keine ernsthafte Option mehr, und er konzentrierte sich fortan auf die Wiederaufnahme seines Werks in Lambarene. In Paris sorgte der Ausflug in den englischsprachigen Teil des Landes aber für Missstimmung, was Schweitzer nach seiner Ankunft auf der Missionsstation erfahren sollte. Nach dieser Reiseunterbrechung bestiegen Schweitzer und Gillespie zur Weiterreise in Duala den aus Bordeaux kommenden Postdampfer Europe, genau jenes Schiff, auf dem das Ehepaar Schweitzer 1913 nach Lambarene gereist war.

Der Erste Offizier erkannte Schweitzer sofort und bat ihn in die erste Klasse, wo ihn einige Personen begrüßen wollten, die sein Buch *Zwischen Wasser und Urwald* gelesen hatten. An Bord war auch der neue Regierungsarzt, der seinen Posten in Port-Gentil antrat und die Gelegenheit für ausführliche Gespräche mit Schweitzer nutzte.

In Port-Gentil, wie das frühere Kap Lopez jetzt hieß, verließen sie die Europe und gingen an Bord des Flussdampfers Alembe. Der nahm nicht den direkten Weg nach Lambarene, sondern durchquerte einige Seen, sodass sie erst am Ostersamstag in Lambarene eintrafen und nicht wie das Ehepaar Schweitzer elf Jahre zuvor am Karfreitag.

Am Ostermontag, dem 21. April 1924, schrieb Schweitzer an Missionsdirektor Allégret, um ihm das Eintreffen in Lambarene und den herzlichen Empfang durch die Missionare sowie die Eingeborenen anzuzeigen. Dazu benötigte er gerade einen Satz. Kein Wort über den Zustand des ehemaligen Wohnhauses und der anderen Gebäude des vor sieben Jahren verlassenen Spitals. Der Rest des vierseitigen Schreibens war allein der Frage des Platzes für das Krankenhaus gewidmet.

Gerade einmal drei Stunden nach der Ankunft in Andende, so führte er aus, habe er eine Piroge genommen und sofort damit begonnen, Grundstücke für die Verlegung des Spitals zu inspizieren:

„Ich war wie erdrückt von der Tatsache, dass ich, anstatt dauerhaft medizinisch arbeiten zu können, nun gezwungen bin zu suchen, die Vegeta-

tion zu entfernen, zu bauen – zwei nervenaufreibende Jahre mit drükkenden materiellen Verantwortungen ertragen. Nun zu den Tatsachen. Es gibt vier Möglichkeiten. 1. Das Terrain, das die Eingeborenen mir gegenüber von Andende anbieten. 2. Das Terrain auf dem Gelände der Mission, auf dem gleichen Ufer wie Andende, aber 1200 Meter flussaufwärts. 3. Ein unbewohntes Gelände zwei Kilometer flussaufwärts von Ihrem Gelände in Andende. 4. Die Gebäude der Handelsniederlassung John Holt am großen Arm des Flusses, eineinhalb Bootsstunden von Andende. (...)

Ich schwanke (...) zwischen John Holt und Ihrem Terrain. Die praktischen Gründe würden mich für John Holt entscheiden lassen. Idealistische Gründe (in Kontakt mit der Mission zu bleiben) lassen mich überlegen, unter welchen Bedingungen ich mich auf diesem Terrain in ziemlicher Nähe zur Mission niederlassen könnte.

Nun, es scheint, dass Sie nach den Gesetzen nicht das Recht haben, ein Terrain zu verpachten, das Sie nur als vorübergehende Konzession haben! Deshalb ist die Lösung, die Sie im Comité in Paris vorsehen, unmöglich. Andererseits bin ich jetzt fest entschlossen, Gebäude, die mich so viel kosten, nur auf einem Terrain zu errichten, das meinem Werk und mir gehört. Die Meinung der Vertreter meiner Spender und eigene Überlegungen haben mich dazu geführt. Deshalb kann Ihr Terrain für mich nur in dem Fall in Betracht kommen, wenn ich auf die eine oder andere Weise in den festen Besitz der Enklave in Ihrer Konzession komme, auf der ich bauen werde. Nach Herrn Hermann und Herrn Pelot ist der einzuschlagende Weg der folgende: Man entfernt das Gestrüpp, man pflanzt, man baut. Wenn ein gewisser Teil der Konzession bearbeitet worden ist, beantragt man für den entsprechenden Teil die definitive Überlassung, man erledigt alle Formalitäten und dann, wenn die Mission die endgültige Überlassung hat, wird sie das Recht haben, mir das Stück, das ich benötige, den Platz und die Gebäude meines Spitals, zu verkaufen. Als Ergebnis der Arbeit, die ich leiste, um das Gestrüpp zu entfernen, zu pflanzen und zu bauen, wird die Mission so das Terrain behalten, das sie ansonsten verlieren könnte, wenn sie es nicht bewirtschaftet."

Schweitzer verlangte nun vom Comité die schriftliche Anerkennung, dass er sich vom Beginn der Bauarbeiten an auf eigenem Grund und Boden und in seinen eigenen Gebäuden befand und dass die Mission alle Schritte unternahm, eine dauerhafte Konzession zu erhalten und damit das Recht, ihm die *„kleine Enklave"* zu verkaufen. Ansonsten werde er unter tiefem Bedauern einen anderen Platz für sein Spital suchen.

Einen Tag später, am Dienstag nach Ostern, schrieb er noch einmal eindringlich in gleicher Sache, bevor er kurz auf den bei seiner Ankunft angetroffenen Zustand des ehemaligen Spitals zu sprechen kam. Eine ausführliche Schilderung davon gibt Schweitzer in seinem zweiten Brief aus Lambarene:

„Um Mittag landen wir. Während Noël das Ausladen überwacht, gehe ich wie ein Träumender zum Spital. Dornröschenhaft sieht es hier aus. Gras und Gestrüpp wächst, wo einst Baracken standen, die ich mit so großer Mühe errichtet hatte. Über das, was noch steht, breiten große Bäume, die ich noch als kleine Bäumchen in Erinnerung habe, ihre Äste aus. Aufrecht stehen noch die Wellblechbaracke, in der sich der Operationssaal, das Untersuchungszimmer und die Apotheke befinden, und eine der Baracken zur Unterbringung der Kranken. Diese Gebäude sind noch ziemlich gut erhalten. Nur ihre Blätterdächer sind in einem trostlosen Zustande.

Der Pfad, der vom Spital zum Doktorhäuschen den Hügel hinausführt, ist so mit Gras überwachsen, dass ich seine Windungen kaum wiederfinde. ‚Gleich morgen', sagt Missionar Herrmann, der neben mir geht, ‚sollen die Knaben ihn freilegen'.– ‚O nein', antworte ich, ‚lassen Sie mich ihn wieder austreten!'"

Weitere interessante Details finden sich in einem Brief, den Noël Gillespie Anfang Mai an seine Mutter schrieb:

„Wir fanden die Gebäude – sowohl das Spital wie das Wohnhaus – in jämmerlichem Zustand: die Dächer mussten repariert werden, und das war recht kompliziert, da es sehr schwer ist, Palmstroh [gemeint sind Blätterziegel aus Palmblättern] zu finden, und da die Kranken sofort nach unserer Ankunft von allen Seiten ankamen.

Bei unserer Ankunft fanden wir das Wohnhaus des Doktors von einem Missionar belegt, der im Begriff war, nach Europa abzureisen; um ihm Zeit zu lassen, alle seine Sachen einzupacken, haben wir uns deshalb bei Herrn Hermann, dem Chef der Missionsstation, eingerichtet. Inzwischen haben wir begonnen, das Spital auszubessern und ein wenig Ordnung zu schaffen. Das dauerte aber nur ein paar Tage, dann haben wir begonnen, eine Zeltplane als Decke zu spannen, und alles kam von Neuem durcheinander. Es kamen viele Kranke, und wir mussten improvisieren, um sie behandeln zu können und sie sogar in einem Gebäude behandeln, während die Zimmerdecke gespannt wurde.

Der Missionar in unserem Haus hat dort zwei Jahre mit großen Löchern im Dach da gelebt und wohnte in der Regenzeit umgeben von großen Schüsseln, die er unter die zahlreichen Löcher des Daches stellte, um das von allen Seiten eindringende Wasser aufzufangen. Im Augenblick aber, da der Regen aufhörte, musste er im Hause seinen Tropenhelm tragen wegen der Sonne, die durch alle Löcher eindrang. Die Spitalgebäude waren in einem noch schlimmeren Zustand. Nun mussten wir uns auf die Suche nach Palmziegeln machen, die sehr schwer zu finden sind, und wir haben viele Nachmittage damit verbringen müssen, sie mit der Piroge in den Dörfern der Eingeborenen zu holen. (...)

Während der letzten Woche haben wir die Kisten des Doktors ausgepackt, die in Lambarene geblieben waren, und am Donnerstag konnten wir uns endlich in seinem Hause einrichten, nehmen unsere Mahlzeiten aber weiter bei Herrn Hermann ein. Zwei Zimmer sind bei uns frei, und ich schlafe auf der Veranda, damit wir wenigstens etwas Ordnung bei uns schaffen können.“

Schweitzer ging völlig in seiner Arbeit auf, wie er an den ehemaligen Missionsdirektor Bianquis schrieb. Neben den notwendigen Reparaturen müsse er den Ansturm der Kranken bewältigen, vor allem vieler Patienten mit Schlafkrankheit. Aber er fühle sich glücklich, so viel Gutes tun zu können, und das in einer angenehmen Umgebung, zu der er auch die Schweizer Missionare Hermann und Pelot zählte. Andere Dinge wie die Verlegung des Spitals lasse er erst einmal auf sich zukommen. Zahlreiche Händler und Bekannte von früher hätten ihn willkommen geheißen, so dass er froh sei, sich nicht von dem *„Protestantenfresser“* – gemeint ist Gouverneur Augagneur – habe einschüchtern lassen und nach Lambarene zurückgekehrt zu sein.

Während Schweitzer seine Tätigkeit auf der Missionsstation trotz der Schwierigkeiten voller Enthusiasmus wieder aufnahm und sich zwischen Medizin und Bauen teilte, befasste sich in Paris die Exekutivkommission der Missionsgesellschaft erneut mit der „Schweitzer-Frage“. Man bestand auf der strikten Einhaltung der Abmachung vom Dezember, denn die Mission wollte auf jeden Fall Besitzer auch des neuen Spitalgeländes bleiben und mitreden können, wenn Schweitzer einmal weggehen und das Terrain in andere Hände übergeben sollte.

Missionsdirektor Allégret sollte das in einem Brief an Schweitzer schreiben und darin zugleich das Erstaunen der Gesellschaft ausdrücken, nicht über die Reise Schweitzers ins anglophone Kamerun informiert worden zu sein, ebenso wenig wie über den jungen Engländer als seinen Begleiter, der nun auch die Gastfreundschaft auf der Missionsstation genieße.

Bevor Allégret an Schweitzer schrieb, informierte er Stationsleiter Hermann:

„Alle Mitglieder der Kommission waren einverstanden, alles Mögliche zu tun, um ihn zufriedenzustellen; wir wünschen alle eine freimütige, herzliche, vertrauensvolle Zusammenarbeit. Zurzeit keine Notwendigkeit für einen Pachtvertrag, eine Übereinkunft genügt: ich glaube, dass man dem Komitee vertrauen kann; wir haben ihm versprochen und wir bestätigen ihm die volle und freie Verfügung über das Terrain, das er gewählt hat. Aber das Komitee wird, so glaube ich, darauf bestehen, sich die Zukunft vorzubehalten, d.h. die Möglichkeit an der Wahl des Nachfolgers mitzuwirken oder das Werk zurückzukaufen, falls es nicht fortgesetzt wird. Ich meinerseits würde es für die Eingeborenen, die Mission und das Werk selbst sehr bedauern, wenn der Doktor zu Holt ginge. Aber warum die Frage des Verkaufs aufwerfen, wo es doch so klar abgemacht ist, dass wir alle mit dem gleichen Herzen arbeiten wollen? Ich hoffe, dass der Doktor sich mit einer langen Verpachtung zufriedengeben wird. Wenn er es wünscht, glaube ich, dass das Komitee sich verpflichten würde, ihm eine ordnungsgemäße Pacht zu gewähren, sobald wir die endgültige Konzession haben.“

Ohne die Zusammenkunft des Komitees abzuwarten, unterrichtete Allégret Schweitzer in diesem Sinne. Dabei machte er vor allem deutlich, dass im Gegensatz zu Schweitzers Auffassung die Missionsgesellschaft sehr wohl das Recht habe, ein Grundstück zu erschließen und auf ihm ein medizinisches Werk einrichten zu lassen. Man garantiere ihm dort seine völlige Unabhängigkeit und werde ihn nie ausweisen, jedoch die *„Enklave“* nicht verkaufen, um über ihre Zukunft mitbestimmen zu können. Und wie ihm aufgetragen wurde, gab Allégret das Erstaunen der Missionsgesellschaft über Schweitzers Kamerunreise weiter und seine Pläne, dort ein Spital zu errichten, zumal die Stationen wieder von der Basler Mission übernommen werden sollten.

In seiner Antwort entschuldigte sich Schweitzer mehrfach. Zunächst gab er zu, wenig kommunikativ zu sein und *„eine krankhafte Abneigung gegen das Schwärzen von Papier“* zu haben. Wer den Vielschreiber Schweitzer kennt, weiß, dass das nicht für alle Bereiche gilt, wohl aber auf den zumeist lästigen Briefwechsel mit der Missionsgesellschaft zutraf. Danach flüchtete er sich in den Humor und schrieb, dass er nicht nur vergessen habe, den *„kleinen Engländer“* anzukündigen, sondern ein weiteres *„Verbrechen“* begangen habe, denn eine Krankenschwester sei wahrscheinlich schon unterwegs nach Lambarene. Alles sei sehr schnell gegangen und er habe nicht die Kraft gehabt, an die Missionsgesellschaft zu schreiben. Allégret könne ihm folglich grollen, aber das hieße *„auf einen müden Esel einzuschlagen, der schon viele Schläge einstecken musste“*.

Bei der Krankenschwester handelte es sich um Mathilde Kottmann, die Mitte Juli 1924 im Spital eintraf und Schweitzer mehr als vierzig Jahre lang bis zu seinem Tod im Jahre 1965 zur Seite stehen sollte. Sie kam gerade zur rechten Zeit, um beim Auspacken der Ende Juni eingetroffenen 73 Kisten zu helfen, die aus Zeit- und Platzmangel zunächst im offenen Bootsschuppen untergebracht waren. Schweitzer und sein Gehilfe Gillespie wurden durch die Anwesenheit der Pflegerin endlich entlastet. Da sich zur gleichen Zeit ein Koch fand und auch der frühere Heilgehilfe Joseph aus Libreville eintraf – er hatte im Regierungskrankenhaus von Libreville gearbeitet und konnte erst weggehen, nachdem Schweitzer seine Schulden beim Schneider und in der Wäscherei beglichen hatte -, machte die Organisation der Arbeit große Fortschritte.

Ende August verließ Gillespie Lambarene, um sein Studium in Oxford fortzusetzen. Aber schon kündigte sich die Ankunft eines neuen Mitarbeiters in Gestalt eines jungen Arztes an. Eine Entlastung im medizinischen Bereich war dringend notwendig, denn Schweitzer war auch Monate nach seiner Ankunft mit Reparatur- und Bauarbeiten beschäftigt und stöhnte unter der Doppelbelastung.

Aus der Sicht der Pariser Missionsgesellschaft war auch die Reise des neuen Arztes von Misstönen begleitet. In seiner späten Antwort auf Schweitzers Brief vom Juni äußerte Allégret zunächst Verständnis für dessen schwierige Situation und bekräftigte seine Überzeugung, dass es sich um ein *„schönes und dringend notwendiges Werk"* handele. Er würde Schweitzer auch lieber tröstliche Worte statt Vorwürfe zukommen lassen, aber das sei sehr schwer.

Denn schon wieder habe dieser gegen Form und Geist des Abkommens verstoßen, indem er die Abreise Nessmanns nicht angekündigt hatte. Und Nessmann hatte trotz Bitten der Missionsgesellschaft auf die Reise über Paris und ein dortiges Treffen mit den Missionaren verzichtet und war über Dijon direkt nach Bordeaux gereist. Allégret bedauerte das sehr und kündigte eine Reaktion des Komitees an, was leider die Sorgen Schweitzers noch vermehren würde.

Die Reaktion der Pariser Instanzen ließ in der Tat nicht auf sich warten. Zunächst stellte die Exekutivkommission fest, *„dass die Niederlassung des Dr. Schweitzer in Lambarene im Sommer erneut einen Zwischenfall provoziert hat"*. Angesichts des Ansturms der Kranken habe Schweitzer das Projekt, sich außerhalb der Missionsstation anzusiedeln, nicht weiterverfolgt und außerdem eine Krankenpflegerin und einen jungen Arzt rekrutiert, ohne die Missionsgesellschaft zu informieren. Es sei deshalb notwendig, ihn an die Abmachungen zu erinnern, die einen nur vorläufigen Aufenthalt auf der Missionsstation und eine Verlegung des Krankenhauses beinhalteten.

Das Komitee übernahm eine Woche später diese Meinung. Doch die Missionare vor Ort teilten diese Ansicht nicht. So bat die Missionarskonferenz von Gabun das Komitee, diesen Teil der Übereinkunft vorläufig auszusetzen und Schweitzer wie vor dem Krieg auf der Missionsstation zu lassen. Die Kommission für die französischen Kolonien in Afrika lehnte dieses Ansinnen ab und bestand darauf, dass Schweitzer in der kommenden Trockenzeit [Juni bis September 1925] die Station verlassen sollte.

Allégret teilte Schweitzer die Position des Komitees in einem Schreiben vom 5. November mit. Nach langer Diskussion sei man in Anbetracht der schwierigen Lage Schweitzers zu dem Entschluss gekommen, die ihm gewährte Gastfreundschaft auf der Missionsstation bis Oktober 1925 zu verlängern. Doch man fordere ihn dringend auf, alle notwendigen Maßnahmen zu ergreifen, um sein Krankenhaus bis zum 1. Oktober 1925 zu verlegen. Man benötige den Platz auf der Missionsstation für die Einrichtung eines religiösen Zentrums und einer Schule für Katechisten. Außerdem sei es zur Vermeidung von Missverständnissen und Reibungen und zur Beibehaltung herzlicher Beziehungen besser, wenn jeder für sich bliebe.

Genauso viel Platz nimmt in dem Brief die nun folgende Ermahnung an Schweitzer ein, die Übereinkunft mit der Missionsgesellschaft einzuhalten, was die Auswahl seiner Mitarbeiter und deren Kontakt mit der Gesellschaft angehe. Im gleichen Zeitraum, in dem Schweitzer um die Verlängerung seines Aufenthaltes auf der Missionsstation gebeten habe, seien zwei neue Mitarbeiter ohne Wissen der Gesellschaft aus Europa ausgereist.

Das Schreiben endet mit der Bemerkung, dass es nicht um die Person Schweitzers ginge, sondern um das Werk und seine Zukunft in einer *„völlig offenen, klaren und brüderlichen Zusammenarbeit"*.

Diese angestrebte brüderliche Zusammenarbeit war zweifellos mit den Missionaren in Andende und auf den übrigen Missionsstationen am Ogowe leichter zu verwirklichen als im Verhältnis mit der Pariser Zentralverwaltung. Deshalb verteidigten auch die beiden auf Urlaub in Frankreich befindlichen Missionare Pelot und Morel bei ihrer Teilnahme an der Sitzung der Afrika-Kommission den Vorschlag der Missionarskonferenz. Sie wiesen auch darauf hin, dass Schweitzer gleich nach seiner Ankunft mit ihnen mögliche Plätze für eine Verlegung des Spitals besichtigt hatte. Sollte Schweitzers Werk allerdings weiter an Umfang zunehmen, dann sei ein Verbleib auf der Station nicht mehr möglich. Angesichts der Knappheit von Arbeitskräften sei es allerdings unwahrscheinlich, dass Schweitzer sein Krankenhaus bis zu dem vorgesehenen Termin verlegen könne.

Die Kommission sah dennoch keine Veranlassung, von ihrer Entscheidung abzurücken, bekräftigte aber noch einmal den Wunsch, *„dem Doktor die Dinge zu erleichtern"*. Was das bedeutete, geht aus dem Brief Allégrets hervor, der Schweitzer das

Ergebnis der Sitzung mitteilte. Die Missionsgesellschaft werde Schweitzer für die notwendigen Baumaßnahmen den Handwerkermissionar Pelot und einen weiteren noch zu rekrutierenden Handwerker zur Verfügung stellen. Und wenn Schweitzer ein oder zwei schnell auf- und abzubauende Häuser hätte, könnte die Verlegung des Spitals leichter bewerkstelligt werden.

Unterdessen war der neue Arzt in Lambarene eingetroffen. Victor Nessmann, gerade einmal 24 Jahre alt, war der Sohn eines Pastors und ehemaligen Kommilitonen Schweitzers aus Westhoffen. Er hatte erst im Juni 1924 sein Medizinstudium beendet und nach einer Begegnung mit Emmy Martin in Straßburg beschlossen, sich für das Werk Schweitzers in Lambarene zur Verfügung zu stellen. Nicht aus Interesse für die Mission, wie er in seinem Bewerbungsschreiben offen eingestand, sondern um in der Auseinandersetzung mit der harten Wirklichkeit des Lebens in den Tropen seine Persönlichkeit zu festigen.

Für den Vater Nessmanns, der einen orthodoxen lutherischen Glauben vertrat, war es nicht einfach zu akzeptieren, seinen Sohn der Obhut des liberalen Theologen Schweitzer anzuvertrauen. Doch schon in einem seiner ersten Briefe an die Eltern konnte Victor den Vater beruhigen: Wenn der wüsste, wie sehr Schweitzer Lutheraner sei und sich auch offen als solchen bezeichnete:

„Ich bin Gott dankbar, mir einen seiner Diener gezeigt zu haben und zu sehen, wie sein Evangelium von einem Mann gelebt wird, der zwar ‚unvollständig' ist, aber die Vollkommenheit anstrebt, die nur die Kinder Gottes wollen und können wollen. Der Autor von Wiederaufbau der Kultur ist ein Christ, zumindest in dem Teil seines Lebens, das er in Afrika führt und das beobachten, nein miterleben zu können ich die Gelegenheit und die Gnade habe."

Für Schweitzer war die Ankunft Nessmanns am 19. Oktober ein großes Ereignis, die Erfüllung eines Traums, Hilfe zur rechten Zeit:

„Keinen Tag weiter hätte ich mehr die doppelte Last des Baumeisters und des Arztes tragen können. Wie habe ich darunter gelitten, dass so viele Untersuchungen von Kranken, die hätten vertieft werden sollen, nicht durchgeführt wurden, weil Zeit und Kraft auch bei der höchsten

Anspannung der Energie nicht reichen wollten! (...) So bedeutet das Tuten des Flussdampfers, der mir den Landsmann bringen soll, die Erlösung aus der Pein unfreiwillig zu oberflächlich betriebener Medizin."

Zwei Herzanfälle habe er gehabt, schreibt Schweitzer in seinem ersten Brief an Allégret nach der Ankunft Nessmanns, und auch deshalb sei die Verstärkung durch einen zweiten Arzt notwendig gewesen. Und zugleich kündigte er die Ankunft eines weiteren Arztes, eines jungen Schweizers, an.

Vom ersten Tag an machte sich Nessmann an die Arbeit, behandelte Kranke, assistierte Schweitzer bei Operationen, beteiligte sich aber genauso am Wiederaufbau des Spitals, kümmerte sich um das Motorboot, ging auf die Jagd und fischte, um das Spital zu versorgen. Und war beeindruckt von Schweitzers Vitalität und seiner Menschlichkeit, die auch seine Wutanfälle bei der Arbeit mit den Eingeborenen überstrahlte.

Schweitzer konnte sich nun fast den ganzen Tag den Bauarbeiten widmen. Nachdem zunächst die Dächer ausgebessert oder neu gedeckt worden waren, wurden die vorhandenen Baracken mit Betten ausgestattet, zwei verschließbare Aufbewahrungsräume für Arbeitsgeräte und Vorräte gebaut und eine neue Krankenbaracke für dreißig Betten in Angriff genommen, danach ein kleines Haus mit drei Zimmern für den neuen Doktor, der immer noch beim Missionarsehepaar Hermann wohnte, und die weißen Kranken.

Bei diesen Arbeiten konnte Schweitzer auf einen einheimischen Mitarbeiter zählen, der ihm wie der Heilgehilfe Joseph jahrzehntelang wertvolle Dienste leisten sollte: den Zimmermann Monenzali. Er war einige Wochen nach Schweitzers Ankunft als Begleiter seiner schlafkranken Frau ins Krankenhaus gekommen. Als Schweitzer entdeckte, dass er etwas von Zimmermannsarbeit verstand, bat er ihn, gegen Essen und Geschenke für ihn zu arbeiten.

Anfang Dezember antwortete Schweitzer in einem achtseitigen Brief auf die Schreiben aus Paris. Er richtete ihn nicht nur an Missionsdirektor Allégret, sondern zugleich an die Mitglieder des Komitees der Missionsgesellschaft.

Zunächst stellte er fest, dass er nicht hinter der Bitte der Missionarskonferenz stand, seinen Aufenthalt auf der Missionsstation zu verlängern. Wenn man dies annehme, unterstelle man ihm den Charakter eines *„kleinen Intriganten“* und würde zudem die Geste der Konferenz herabwürdigen. Er sei zu stolz und zu aufrecht, um solche Listen anzuwenden.

Danach entkräftete er das Argument der Gesellschaft, sie benötige den Platz auf der Missionsstation für ihre eigenen Zwecke. Er könne mittlerweile alle Mitarbeiter in dem von ihm errichteten Haus der weißen Kranken, der Case Mireille, unterbringen. Und sein Wohnhaus könne er zur Verfügung stellen, wenn das zerlegbare Haus mit zwei Zimmern fertig wäre.

Die Bitte der Gesellschaft, ihr über seine Aktivitäten zu berichten, lehnte er mit dem Hinweis auf seine Arbeitsüberlastung und die daraus resultierende Erschöpfung ab. Er habe noch nicht einmal Zeit für die Bestellung von Medikamenten gehabt, und seine *„arme Frau [müsse] sich mit einigen armseligen Zeilen zufriedengeben“*. Wo solle er außerdem die innere Freude hernehmen, über seine Aktivität zu berichten, wenn die Gesellschaft auf alle Informationen immer nur mit einem *„ceterum censeo opus medicum esse pellendum de statione“* antworte, also *„im Übrigen bin ich der Meinung, das medizinische Werk müsse von der Station entfernt werden“*. Schweitzer wandelte hier den bekannten Spruch Catos in Bezug auf den Punischen Krieg ab, dass dieser der Meinung sei, Karthago müsse zerstört werden.

Was die im Schreiben der Gesellschaft angedeuteten Missverständnisse und Reibungen angehe, die eine Trennung von Mission und medizinischem Werk angeraten erscheinen ließen, so verstehe er sie nicht. Es könne sich nicht um Reibungen vor Ort handeln, sondern höchsten um solche zwischen ihm und dem Komitee wegen der ausgebliebenen Information über neue Mitarbeiter. Das werde in Zukunft von seinem Vertrauten Jean Monnier von Straßburg aus geregelt. Nessmann sei nur *„ein Zugvogel“* ohne großes Interesse für die Gesellschaft, seinen Nachfolger Dr. Trensz, ebenfalls ein Pastorensohn aus dem Elsass, werde man in Paris zu gegebener Zeit ausführlich kennenlernen. Und vielleicht werde man ihn so angenehm finden, dass man es bedauern werde, die Trennung von Mission und Medizin ausgesprochen zu haben.

Sodann kündigte er die Ankunft eines jungen Chirurgen aus der Schweiz an. Den er benötige, weil seine Sehkraft nachlasse und er nur mit Mühe operieren könne und Nessmann noch nicht über genügend Erfahrung verfüge.

Abschließend zählte Schweitzer die Dienste auf, die er als Arzt dem Personal der Missionsstationen in Lambarene, Samkita und Ngomo geleistet habe. Er sei erstarrt von diesem *„ceterum censeo“*, sei ein armes Pferd, das nun über ein Hindernis springen müsse, um die Missionsstation von seiner Gegenwart zu befreien. Daran würden wohl auch seine ausgezeichneten Beziehungen zur Regierung nichts ändern. Er schloss den Brief mit *„guten und traurigen Gedanken“*.

Damit waren die Positionen geklärt, und Schweitzer verspürte in der Folgezeit kein Bedürfnis, sich weiter mit der Missionsgesellschaft auseinanderzusetzen. In den sechs Monaten bis Juni 1925 ging kein Schreiben aus Lambarene nach Paris, und er widmete sich ganz seiner Arbeit, obwohl er gesundheitlich angeschlagen war:

„Ich selbst bin seit Wochen Patient. Gut vernarbte Fußgeschwüre von meinem ersten Aufenthalt her sind infolge wiederholter Verletzungen, die ich mir beim Bauen zuzog, wieder aufgebrochen und machen mir viel zu schaffen. Ich humple herum, so gut ich kann. An den Tagen, wo es ganz schlimm ist, lasse ich mich ins Spital hinuntertragen. Ich muss ja den ganzen Tag unten sein, denn sonst geht es mit dem Bauen nicht voran. Das Schlimmste bei den Fußgeschwüren ist die Nervosität, die sich infolge des anhaltenden brennenden Schmerzes einstellt.“

Quellen:

Briefwechsel zwischen Schweitzer und der Pariser Evangelischen Missionsgesellschaft.

Cahiers de l'Association française des Amis d'Albert Schweitzer (AFAAS), N 25.

Verena Mühlstein: Helene Schweitzer Bresslau. Ein Leben für Lambarene. München, 1998.

Roland Wolf: Albert Schweitzer und sein Spital in Lambarene. 60 Jahre unmittelbares menschliches Dienen. Berlin, 2021.

Aus und über Lambarene

Jean Claude - der letzte ehemalige Leprakranke

Daniel Neuhoff und Roland Wolf

Die Projekte des Deutschen Hilfsvereins (DHV) laufen gut

Die Kommunikation mit dem Schweitzer-Spital in Lambarene, Gabun, ist nach wie vor schwierig. Informationen über das Krankenhaus wie zum Beispiel die finanzielle Situation, die medizinischen Aktivitäten oder den Stand der in der Durchführung befindlichen oder geplanten Projekte sind oft nur auf direkte Nachfrage im Gespräch und durch Anschauung vor Ort zu erhalten. Aus diesem Grund ist ein regelmäßiger Aufenthalt in Lambarene am Schweitzer-Spital unerlässlich, um die Spenden zweckgemäß einzusetzen.

Dies veranlasste uns, die beiden Vorstandsmitglieder des DHV, Dr. Roland Wolf und Dr. Daniel Neuhoff, im Februar 2024 zu einem einwöchigen Besuch in Lambarene. In den Gesprächen mit der Präsidentin der Spitalstiftung, Mme Nzenze, dem Direktor des Krankenhauses, M. Mickala, sowie zahlreichen Mitarbeiterinnen und Mitarbeitern wurden alle uns bewegenden Fragen eingehend erörtert, wobei neben den praktischen Problemen des Spitals naturgemäß die vom DHV finanzierten Projekte im Vordergrund standen.

Die seit Mitte Januar im Spital ehrenamtlich tätige französische Apothekerin Anne-Cécile konnte berichten, dass die am Ende des vergangenen Jahres bei action medeor e. V. in Deutschland getätigte und vom DHV finanzierte Medikamentenbestellung auf dem Weg nach Lambarene sei. Die Lieferung per Flugzeug ist bereits in Libreville angekommen, der per Schiff transportierte größere Teil werde Anfang März eintreffen. Die Abwicklung der Medikamentenbestellung ist übrigens nicht ganz unproblematisch, da der gabunische Staat nur Medikamente ins Land lässt, die nicht im Land selbst produziert werden können. Zudem stellt sich auch im Gabun das Problem der Lieferbarkeit von bestimmten Medikamenten, z.B. gegen Krämpfe bei Neugeborenen.

Wie an anderer Stelle bereits berichtet (vgl. das ASA vom Februar dieses Jahres), hat der mobile Mutter-Kind-Dienst PMI

(Protection maternelle et infantile) in der zweiten Jahreshälfte 2023 seine unterbrochene Tätigkeit dank deutscher Unterstützung wieder aufnehmen können. Hierfür waren ein adäquates Fahrzeug und ein neu einzustellender Fahrer erforderlich. Bei einer Ausfahrt in die rund 25 Kilometer entfernte Buschambulanz von Koungoule waren wir zugegen, als 27 Kleinkinder im Alter bis 5 Jahre medizinisch betreut wurden, v.a. durch Impfungen, u.a. gegen Gelbfieber. Hier wird Kindern geholfen, die sonst wahrscheinlich ohne Impfung blieben, da das Schweitzer-Spital, wo auch geimpft wird, zu weit entfernt ist. Die Mütter werden nach Bekanntgabe des Termins in den Dörfern teilweise per Auto abgeholt und zur Station gebracht. Dort erfolgt auch medizinische Aufklärung durch das Personal des Schweitzer-Spitals. Künftig soll die Häufigkeit der PMI-Ausfahrten auf zwei pro Woche verdoppelt werden, so wie es bis vor einigen Jahren der Fall war. Das erlaubt einen regelmäßigen Besuch aller Ambulanzen im Abstand von drei Wochen und stellt so die zeitgerechte Versorgung der Kleinkinder sicher.

Der Direktor hat der Taktverdichtung zugestimmt und zugleich der Bitte des Zahnarztes am Schweitzer Spital entsprochen, das Fahrzeug der PMI einmal pro Woche für eine Ausfahrt der mobilen Zahnklinik an Schulen der Umgebung nutzen zu dürfen.

Weiterhin aktuell ist auch die DHV-Unterstützung von Buruli-Kranken, die im Schweitzer-Spital behandelt werden können. Wir sprachen mit zwei jungen Mädchen (Ruth 7 und Charlène 14 Jahre), die akut an einem Buruli-Geschwür leiden. Diese von einem Mykobakterium hervorgerufene tückische Krankheit kann tiefe Wunden in die Haut reißen. Sie ist wenig erforscht, kann aber mit Antibiotika behandelt werden. Während Charlène glücklicherweise in einem recht frühen Stadium der Krankheit ins Spital gekommen ist, übrigens aus der entfernten Hauptstadt Libreville, hat Ruth leider an ihrem Knie eine schwere Wunde, die neben der Behandlung mit Antibiotika einen chirurgischen Eingriff mit Hautverpflanzung und damit eine lange Verweildauer im Krankenhaus notwendig macht. Da Ruth keine Krankenversicherung hat, wird die alleinerziehende Mutter die beträchtliche Krankenhausrechnung nicht bezahlen können. Hier greift das Buruli-Projekt des DHV, welches die Übernahme der Behandlungskosten dieser Krankheit sicherstellt, falls die Betroffenen nicht selbst zahlen können. Hier wird man der

Maxime Albert Schweitzers gerecht, keinen Patienten abzuweisen, ohne zugleich den angespannten Haushalt des Spitals zu belasten.

Der DHV unterstützt auch sogenannte Sozialfälle. Das sind ehemalige Leprakranke, psychisch Kranke und mittellose Bedürftige, um die sich hingebungsvoll die Krankenpflegerin Praxède kümmert. Wir konnten sie beobachten, wie sie die Wunden von Jean Claude, dem letzten im Lepradorf verbliebenen ehemaligen Leprösen, reinigt und verbindet. Wir besuchten auch die zwölfjährige Alice im Internat Saint Coeur de Marie der katholischen Schwestern im Stadtteil Isaac auf der anderen Seite des Ogowe-Flusses. Sie erhält dort ihre schulische Ausbildung, weil ihr die auf dem Spitalgelände lebende Familie, deren Mitglieder überwiegend stumm sind, kein adäquates Zuhause bieten kann. Alice freute sich sehr über unseren Besuch und möchte sich gerne schulisch weiterbilden. Auch hier wird der DHV tätig werden.

Unser Resümee der Reise: zielgerichtete persönliche Hilfe stiftet Segen.

Apotheke

Roland Wolf

Die Historische Zone des Schweitzer-Spitals im Jahr 2023

Nach der Aufhebung der Corona-Restriktionen im März 2022 hatte man im Spital aufgeatmet und auf eine Steigerung der Besucherzahlen und möglichst eine Rückkehr zur Situation vor der Krise gehofft.

Die Hoffnung war nicht unbegründet. Nach 2.258 Besuchern im Jahr 2022 stieg die Zahl im vergangenen Jahr auf 2.640. Ein leichter Aufschwung also, aber noch nicht das Ergebnis wie im Jahr vor der Pandemie (2019: 3.017).

Den größten Anteil an den Besuchern stellten naturgemäß die Afrikaner (1.716), an zweiter Stelle standen die Europäer (745), gefolgt von einigen wenigen Touristen aus Amerika, Asien und Australien (179).

Die Afrikaner kamen aus 20 Ländern des Kontinents, wobei nach dem selbstverständlichen Spitzenreiter Gabun (1.604) das Nachbarland Kamerun mit 17 Besuchern an zweiter Stelle steht. Die Zahl der Europäer ist von 710 leicht auf 745 gestiegen. Wie immer stehen die Franzosen (494) an erster Stelle, da es sich

in der Regel um in Gabun lebende und arbeitende Personen bzw. deren europäische Besucher handelt. Neben den Franzosen haben die Deutschen (56), die Belgier (28) die Schweizer (27), die Spanier (23), die Norweger (22), die Polen (15), die Niederländer und die Ukrainer (je 13), die Italiener (12), die Tschechen (11) und die Engländer (10) die meisten Besucher zu verzeichnen. Europäische Besucher gab es außerdem aus Schweden, Österreich, Portugal, Rumänien, Kroatien, Lettland und Bulgarien.

Asiaten kamen insgesamt 78, vor allem aus Japan (38) und China (23). Aus zwei Ländern des amerikanischen Doppel-Kontinents wurden 99 Besucher gezählt, wobei fast alle (89) aus den USA kamen, die übrigen aus Kanada.

Insgesamt kamen die Besucher aus 50 Ländern. Davon entfielen 21 auf Afrika, 18 auf Europa, 9 auf Asien samt Australien und 2 auf Amerika. Das zeigt, dass der Name Schweitzer und der Ort Lambarene noch immer eine internationale Ausstrahlung besitzen.

Im Jahresverlauf standen die Ferienmonate Mai (337), Juni (299), Juli (351) und August (332) an der Spitze, danach stellt man einen deutlichen Rückgang in den Monaten September bis November fest. Dies hängt mit dem Putsch vom 30. August 2023 und dessen Folgen zusammen. An den Feiertagen im Dezember stiegen die Zahlen wieder auf 247 an.

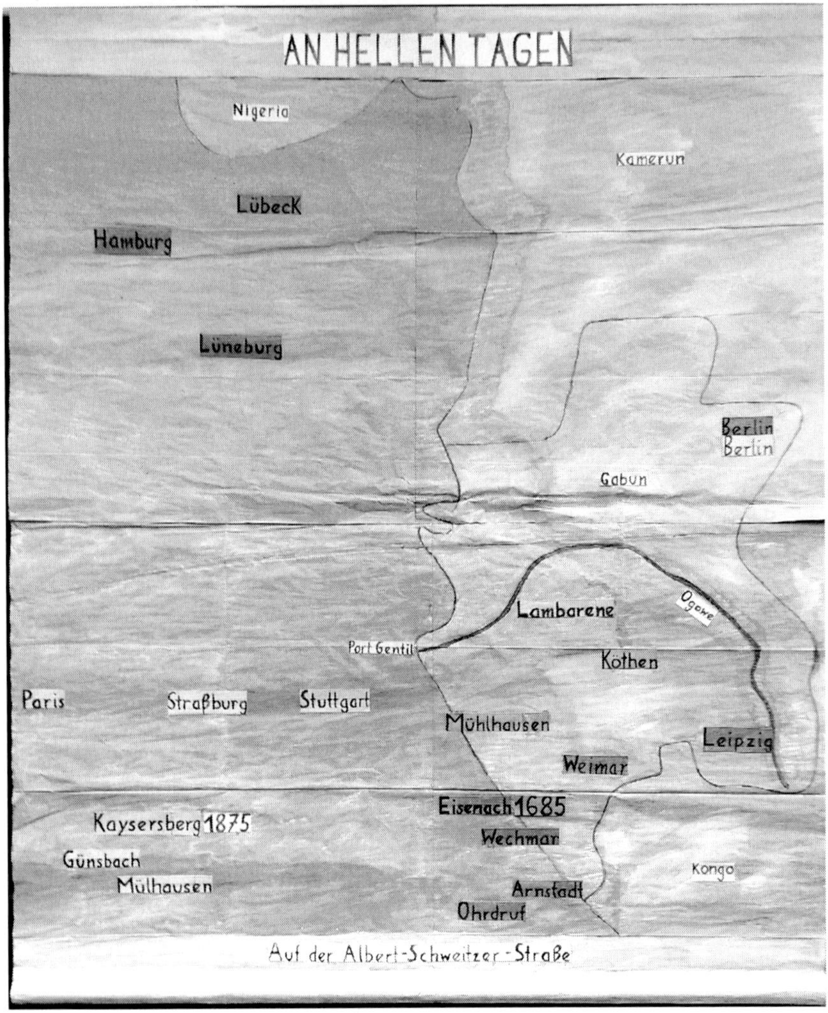

Begegnungen

Das Bühnenbild zeigt die Orgelwanderwege Bachs von Eisenach nach Leipzig und Schweitzers von Kaysersberg nach Lambarene- verlegt in die Welt des Atlantischen Ozeans und Afrikas.

Edzard Krückeberg

„An hellen Tagen". – Auf der „Albert-Schweitzer-Straße"

Ein Orgel-Wanderkonzert in Poppenhausen

„Trinken Sie ein kleines Glas Sekt und essen Sie ein Stück Kuchen, sonst verstehen Sie das Konzert nicht!" Mit dieser Aufforderung wurden die Besucher am Nachmittag des 2. September vor dem Melanchthon-Haus empfangen. Es sollte erinnert werden an die große Musikerfamilie Bach, deren Stammvater, Veit Bach, Bäcker war. Er nahm seine Zither mit in die Mühle und spielte sie, während das Korn gemahlen wurde.

Einmal im Jahr traf sich die Familie, und bei diesem Familientag wurde zuerst ein Choral gesungen und dann folgten weltliche Lieder, Lieder mit verschiedenen Texten und Melodien, gleichzeitig, mehrstimmig, aber doch harmonisch. So erzählt es Albert Schweitzer in seinem Buch über J. S. Bach, und so familiär und heiter sollte es auch bei diesem Konzert zugehen.
„An hellen Tagen" lautete das Motto – nach einem Madrigal von Giovanni Gastoldi (1556–1662), das ein Vokalensemble unter Leitung von Jan Polívka zum Empfang des Publikums open air vortrug: hier zuerst das weltliche Lied, danach die Choräle.

Im Rahmen einer dreiteiligen Konzertreihe, die 2021 in Hettenhausen begann und 2022 in Dalherda fortgesetzt wurde, fand am 2. September 2023 das dritte Konzert in Poppenhausen statt. Die drei seit 2021 zu einer Kirchengemeinde zusammengeschlossenen Orte sollten auch kulturell verbunden werden. Wieder ging es darum, eine wertvolle Orgel in ihren klanglichen Möglichkeiten über den Gebrauch im Gemeindegottesdienst hinaus einem Konzertpublikum vorzustellen. Mit dem Titel des Konzerts war eine Verknüpfung mit Dalherda beabsichtigt, wo es eine Albert-Schweitzer-Straße gibt. Da es sich im Evangelischen Melanchthon-Haus in Poppenhausen um eine *„kleinere"* Orgel handelt, wurde die *„größere"* Orgel in der Katholischen Pfarrkirche St. Georg in die Programmgestaltung einbezogen: zwei Teile eines Konzerts, dazwischen eine Wanderung.

In einem kurzen Vortrag stellte Edzard Krückeberg einen Bezug zwischen den *„Orgelwanderern“* Johann Sebastian Bach und Albert Schweitzer her. Alle Orte auf Bachs und Schweitzers Wanderwegen (von Arnstadt bis Leipzig, von Günsbach/Elsass bis Lambarene) hätten zu tun mit einer Entdeckung, die Albert Schweitzer bereits als junger Orgelspieler gemacht habe, als er mit Bachs Choralvorspielen vertraut wurde: Bach ist *„Tonmaler“*, der in seiner eigenen Tonsprache den *„poetischen Gedanken“* sichtbar macht, der in den Texten der Choräle aus der Reformationszeit verborgen ist.

Schweitzer bekundete einmal, wie sehr er in der Einsamkeit Afrikas zu einer vertieften Interpretation des Bachschen Orgelwerkes gefunden habe. Wie eng sich hier die Wege und Orte von Schweitzers und Bachs musikalischem Wirken mit *„Lambarene“* verschränken, der europäische und der afrikanische Kontinent sich in gewisser Weise überlagern, versuchte Krückeberg in einer selbstgefertigten Karte (siehe Abb. S. 100) grafisch zu verdeutlichen.

Choräle und Choralvorspiele wurden im Zeichen dieser Entdeckung dargeboten: die vierstimmigen Choräle *„Dir, dir Jehova, will ich singen“*, *„Schmücke dich, o liebe Seele“* und *„Aus tiefer Not schrei ich zu Dir“*.

Ein Höhepunkt des ersten Konzertteils war die Passacaglia, die Nico Miller und Jan Polívka an zwei Orgeln spielten: Improvisationen zu dem Choral *„In dir ist Freude“*, dessen Melodie von dem *„weltlichen“* Lied *„An hellen Tagen“* stammt, das zu Beginn zu hören war.

Im Melanchthon-Haus befindet sich eine kleine Vorgängerorgel, ein – wie Jan Polívka es nannte – *„Orgelschatz“*, der sich im Spiel der zwei Orgeln zeigte. Die Zuhörer in der Mitte wurden vom Klang der beiden Orgeln *„umflutet“*, wie es nach Albert Schweitzer den Klang *„alter Orgeln“* auszeichnet, und applaudierten begeistert.

In der St.-Georg-Kirche waren weitere Besucher dazugekommen. Den etwa 50 Teilnehmern des ersten Konzerts aber war es in der großen Kirche möglich, einen Unterschied in der Wirkung der schon einmal gehörten Werke zu erleben – durch die Wiederholung der Choräle in umgekehrter Reihenfolge und an verschiedenen Orten innerhalb des Kirchenraumes. Auf der größeren Orgel konnten die beiden Organisten die Werke spielen, an

denen Albert Schweitzer seine Entdeckung der besonderen Tonsprache Bachs gemacht hatte: die ChoralVorspiele zu den Chorälen *„Schmücke dich, o liebe Seele“* und *„In Dir ist Freude“*. Mit diesem Choralvorspiel kam das Konzert zum Ziel der Wanderung.

Dem festlichen Empfang zu Beginn des Konzerts vor dem Melanchthon-Haus folgte zum Schluss eine Einkehr auf der Terrasse des Pfarrgemeindezentrums.

Den Helfern aus der Kath. Pfarrgemeinde und aus der Ev. Kirchengemeinde sei an dieser Stelle ein herzlicher Dank gesagt. Ein besonderer Dank gilt den Mitgliedern des Bach-Vokalensembles: Karin Mayle-Polívka, Miko Brockhaus, Angela Frisch, Dorothea Mall, Jan Polívka, Nico Miller, Gregor Nüdling, Martin Bouchon und Günther Mall.

Das Konzert wurde vom Kultursommer Mainz-Kinzig-Fulda gefördert. Für das Projekt des Deutschen Hilfsvereins für das Albert-Schweitzer-Spital in Lambarene e. V., eine ambulante Geburtshilfestation in Lambarene einzurichten, die weit vom Spital entfernt lebenden Frauen zugutekommt, wurden 700 Euro gespendet.

Ein Echo gab es in den *„Poppenhausener Nachrichten“* vom 13. September: *„Sowohl die Mitwirkenden als auch Zuhörer*innen waren sich darin einig, dass weitere Konzerte in 2024 wünschenswert sind.“*

Sonja Poteau-Müller am Grab Schweitzers

Christoph Wyss

Sonja Poteau-Muller (21.7.1929 – 31.12.2023) – ein Nachruf

Ich habe Sonja Poteau dank Richard Brüllmann, damals Präsident der AISL, kennengelernt.

Im Auftrag von Richard Brüllmann habe ich begonnen, die erste Internetseite über Albert Schweitzer für das Museum und Archiv in Günsbach aufzubauen.

An einer Geburtstagsfeier habe ich mich entschieden, mit ihm nach Münster (Westphalen) zu fahren. Richard als auch Sonja Poteau, hielten dort während einer Woche Vorträge, führten Diskussionen und gestalteten auch eine Ausstellung über Albert Schweitzer.

Da ich nicht direkt eingebunden war, konnte ich mit Robert Poteau über die Dörfer fahren. Dabei erzählte er mir viel über sein und Sonjas Leben in Afrika und nun in Günsbach.

1996 führte Richard mit elf ehemaligen Mitarbeiterinnen und Mitarbeitern zur Zeit Schweitzers eine Reise nach Lambarene durch. Für die meisten der Teilnehmer war es ein Wiederkommen nach über 50 Jahren. Ich durfte dabei teilnehmen und von den Erzählungen, Diskussionen und auch den mitgenommenen Fotos profitieren.

Sonja Poteau kam 1955 nach Lambarene. Niemand war über ihre Ankunft informiert. Im Spital wurde sie von Mathilde Kottmann gefragt: *„Was wünschen Sie, Madame?“*
Am Abend, nach dem Nachtessen begegnete Sonja zum ersten Male Albert Schweitzer. Er fragte sie: *„Was willst du machen?“* Sie antwortete: *„Nichts mit den Tuberkulösen und nicht die Geburtenabteilung“*. Darauf sagte der Doktor: *„Irma geht gerade und du übernimmst ihre Stelle“*. Irma war die Hebamme!

Während der ganzen Zeit in Lambarene war Sonja als Hebamme tätig. Wenn gerade keine Geburten anstanden, arbeitete sie in der *„Grande Pharmacie“* und war meistens für die Ausgabe der Medikamente verantwortlich.

In Lambarene lernte Sonja auch ihren Mann Robert kennen, Am Pfingst-Sonntagmorgen 1959 nahm Albert Schweitzer Sonja zur Seite und sagte ihr, dass er am Mittag ihre Verlobung mit

Robert Poteau bekannt geben werde. Sonja sagte ihm, dass Herr Poteau nicht um ihre Hand angehalten habe. Schweitzer sagte ihr: *„macht nix, i fröge"*.

Am 1. Juli 1959 wurden sie am Abend im Standesamt von Lambarene getraut. Albert Schweitzer und Mathilde Kottmann waren die beiden Trauzeugen. Am 2. Juli traute Albert Schweitzer im Refektorium die beiden. Auf dieser Reise lernte ich Valérie, meine zukünftige Frau, kennen. Sie machte die Reise auf Wunsch von Sonja mit.

Ab dann war ich mit Richard viele Male in Günsbach und habe dort Sonja und Robert besser kennengelernt. Ich bekam Einblick in ihre mannigfaltigen Arbeiten, sei es im Archiv, bei Führungen im Museum, an Vorträgen, Ausstellungen oder bei Büchersalons in Colmar und anderswo. Robert war für den Unterhalt des Hauses zuständig.

Die Führungen mit Sonja waren ein außergewöhnliches Erlebnis. Voller Begeisterung erzählte sie von ihrer Arbeit im Spital. Die Arbeit war streng, doch der Zusammenhalt unter den Mitarbeiterinnen und Mitarbeiter hervorragend. Bei den Erzählungen von Sonja fühlte man sich um 50 Jahre zurückversetzt. Ihre Begeisterung war ansteckend und übertrug sich auf die Besucher des Museums. So gelang es ihr, Jung und Alt für das Werk und die Ethik Schweitzers zu begeistern.

Poteaus wohnten im Maison Schweitzer im zweiten und dritten Stock, der Wohnung von Emmy Martin, die von Archivmaterialien umgeben war.

Nachdem 1995 das alte Pfarrhaus in Günsbach gekauft werden konnte, übernahm Robert die Leitung des Umbaus zu einer Unterkunft mit zehn Zimmern für die Vereinsmitglieder.

Unvergessen bleibt mir die Reise mit Sonja, Robert und Richard Brüllmann nach Haiti ins Albert-Schweitzer-Spital. Wir wurden von der Mitgründerin Gwen Mellon in ihrem Haus aufgenommen und durch Bill Dunn, den Leiter der Spitalstiftung, durch das Spital, die Dispensaires und das ganze Arbonite Tal geführt.

Die Reise ging weiter nach Boston, wo wir die American Fellowship besuchten. Mit Sonja fuhr ich nach Syracus in die Bibliothek, die die ganze Fotosammlung von Erica Anderson, als auch viele Originale, insbesondere die Notizbücher Schweitzers besitzt.

1998 heiratete ich in der Kirche von Günsbach meine Valérie und kurz darauf frug mich Richard, ob ich interessiert bin, seine Nachfolge als Präsident der AISL zu übernehmen. So kam ich ins Comité Directeur und wurde nach dem Tode von Richard zum Präsidenten gewählt.

Das führte dazu, dass ich der Vorgesetzte meiner Schwiegermutter wurde, was aber nie zu Problemen führte. In den acht Jahren, die wir, bis zu Sonjas Pensionierung, zusammengearbeitet haben, wurde nie ein böses Wort gesprochen. Wir verstanden uns sehr gut und haben uns vor allem gegenseitig respektiert. Mit Sonja konnte ich berndeutsch sprechen. Das war jedoch selten der Fall. Unsere Umgangssprache war Französisch und wenn wir dann einmal unter uns Deutsch sprachen, kam es von Sonja aus.

Sonja hat die Leitung des Museums und Archives 1988 übernommen, als Vreni Mark aus familiären Gründen auf diesen Posten verzichten musste. Sonja wurde 1987 von Ali gebeten nach Günsbach zu kommen, um sie zu pflegen. Während den drei gemeinsamen Wochen bis zu ihrem Tode hat diese Sonja sehr viel erzählt, was ihr als Direktorin von Nutzen war.

In Erinnerung bleibt mir auch die Reise mit Sonja, Robert, Valérie und unseren Kindern Theophil und Charlotte nach 2005 nach Lambarene. Es war mir ein Anliegen, dass unsere Kinder später einmal Fotos mit ihren Grosseltern im Spitaldorf haben. Sonja war ganz in ihrem Element und die ganze Zeit erzählte sie von ihren vier Jahren, die sie zusammen mit dem *„Grand Docteur"* in Lambarene gearbeitet hatte. Bei den vielen Geschichten glänzten ihre Augen und sie konnte ihre Begeisterung an uns weitergeben. Miteinander besuchten wir ihre Arbeitsstätten in der Maternité, in der *„Grande Pharmacie"* aber auch das Lepradorf.

Ein weiterer Höhepunkt waren die beiden gemeinsamen Reisen nach Amerika an die Universität von Quinnipiac. Das dortige Albert-Schweitzer-Zentrum hatte uns zu Kolloquien eingeladen. Dort trafen wir anlässlich des Vortrages von Janne Goodall Rhena Schweitzer, die Tochter von Helene und Albert Schweitzer.

Bei der zweiten Reise nach Quinnipiac zwei Jahre später, hielt der ehemalige Präsident Jimmy Carter eine Rede über Ethik und benutzte viele Zitate Schweitzers. Rhena, die erfahren hatte, dass wir wieder in Amerika waren, lud uns in das Haus ihrer Tochter nach Los Angeles ein. Für Amerikaner ist ein Flug quer durch den Kontinent kein Problem! Der Nachmittag mit Rhena war für mich wieder einmal ein großartiges Erlebnis. Sonja, Robert und Rhena diskutierten, lachten und erfreuten sich an Geschichten aus ihrer Zeit in Lambarene.

2009, zu ihrem 80. Geburtstag, zog sich Sonja Poteau von der Leitung des Museums und Archivs zurück. Sie hatten das *„Maison Haute"* gekauft und nach ihrem Geschmack eingerichtet.

Trotz der Pensionierung hat sich Sonja weiterhin für die Ethik Schweitzers interessiert. Für mich war sie eine unerschöpfliche Quelle an wertvollen Informationen. Vor fünf Jahren haben wir Sonja durch verschiedene Mitarbeiter und Freunde interviewen lassen und diese auf Video festgehalten. Diese werden uns, wenn auch nur in bescheidenem Umfang, helfen, das enorme Wissen, die Begeisterung und den Respekt Sonjas dem Werk Schweitzers gegenüber weiterverwenden zu können.

Ab Mitte 2023 hatte Sonja Herzbeschwerden, die sie immer schwächer werden ließen. Bei einem letzten Aufenthalt bei uns in der Schweiz haben wir noch ihre 98-jährige Freundin Emmy Füllemann im Thurgau besucht. Noch bis zuletzt konnte ich von Sonjas Wissen und Kenntnissen profitieren. Für eine Ausstellung über afrikanische Mitarbeiter des Spitals haben wir uns im Oktober viele Fotos angesehen und versucht, die Namen der Abgebildeten aufzuschreiben.

Am 31. Dezember 2023 ist Sonja friedlich eingeschlafen. Damit ging ein erfülltes, reiches Leben zu Ende.

Sonja wird mir und meiner Familie fehlen, als treusorgende Mutter und Großmutter, aber auch als Gedächtnis und lebendes Archiv zum Leben und Werk von Albert Schweitzer.

Die Afrikaner sagen, dass mit dem Tode eines alten Menschen eine Bibliothek verschwindet. Das kann ich für Sonja Poteau nur bestätigen. Wie viele Fragen möchte ich ihr noch stellen, ihre Ansichten kennenlernen …

Der Abdankungsgottesdienst für Sonja Poteau fand am 11. Mai 2024 um 14.00 Uhr in der Kirche Günsbach statt.

Buchbesprechungen

Am Schreibtisch in der „Grande Pharmacie“

Igor Wroblewski

FRANK ACKERMANN: **ALBERT SCHWEITZER. EIN PORTRAIT.** STUTTGART, 2023, 63 S.

Albert Schweitzer (1875 – 1965) *„war ein außergewöhnlicher Mensch, den man im Mittelalter vielleicht als Heiligen verehrt hätte, wenn anders man ihn nicht wegen seiner unorthodoxen Ansichten verbrannt hätte"*, schreibt Frank Ackermann, ein in Stuttgart lebender Philosoph und Schriftsteller.

Der Autor zeichnet in seinem unverkennbar kunstvollen und zugleich sehr gut lesbaren Stil Ein Portrait von Albert Schweitzer. Hierin werden neben den wichtigsten Lebensstationen des *„Urwalddoktors"* einige durchaus weniger bekannte Fakten beleuchtet; und allem voran werden von dem Philosophen Ackermann Zusammenhänge zwischen dem Werk Schweitzers und z.B. der Ethik Immanuel Kants ausgearbeitet und auf eine spannende (weil gut verständliche) Weise dargestellt.

Das besonders Schöne an diesem kurzen und dennoch vielschichtigen, höchst empfehlenswerten Buch ist, dass Frank Ackermann einerseits in packenden, fließenden Sätzen über das außergewöhnliche Leben Schweitzers zu berichten versteht – dass er aber andererseits den berühmten Philosophen, Theologen, Arzt (mit dreifachem Doktortitel) und Organisten sehr ausführlich selbst zu Wort kommen lässt. So lesen wir beispielsweise in Schweitzers eigenen Worten, wie ihm der Begriff *„Ehrfurcht vor dem Leben"* während einer Fahrt auf dem Ogowe-Fluss *„urplötzlich"*, weder geahnt noch gesucht, eingeleuchtet hat:

„Das eiserne Tor hatte nachgegeben; der Pfad im Dickicht war sichtbar geworden. Nun war ich zu der Idee vorgedrungen, in der Welt- und

Lebensbejahung und Ethik miteinander enthalten sind! Nun wusste ich, dass die Weltanschauung ethischer Welt- und Lebensbejahung samt ihren Kulturidealen im Denken begründet ist."

Ackermann lädt uns vor diesem Hintergrund zum Nachdenken ein, wie dringend notwendig wir die Ideale Schweitzers in unserer heutigen Welt brauchen – wie er schreibt,

„angesichts von Massentierhaltung und Artensterben, Überfischung und Verschmutzung der Weltmeere, Abholzung der Wälder, dem allgemeinen Raubbau an der Natur und der Zerstörung unserer Lebensgrundlagen. Die Last des Wehs, das auf der Welt liegt, ist nicht geringer geworden; alle sollen wir uns dieser Last stellen und nicht wegschauen, vielmehr sie mittragen und mindern."

Der Appell Schweitzers ist mindestens so aktuell, wie *Das Prinzip Verantwortung* von Hans Jonas, dabei aber noch allumfassender; weist er doch hin auf das wichtige Zusammenspiel zwischen Gesinnungs- und Verantwortungsethik, auch zwischen Vernunft und Mitgefühl als die beiden relevantesten Moralbegründungen.

Frank Ackermann lässt uns noch besser verstehen, was für eine vielfältige, außerordentliche Persönlichkeit der *„Urwalddoktor"* war:

„Schweitzers große Stärke, seine eindrucksvolle Größe liegt darin, dass er sein ethisches Prinzip nicht nur gelehrt, sondern auch gelebt hat. Er hat es vor-gelebt und wurde dadurch für viele zum Vorbild."

Dazu kommt, dass Schweitzer *„nicht nur vielseitig interessiert, sondern auch sehr begeisterungsfähig war. Ein scheinbar geringfügiger Anlass konnte seinen Enthusiasmus entzünden, und er ließ sich dann durch Rückschläge nicht entmutigen, nicht durch Gegenwind an dem einmal eingeschlagenen und als richtig erkannten Weg irre machen."*

Schlussendlich war Schweitzer *„ein kommunikativer, sehr kontaktfreudiger Mensch ..., der ... unbefangen und vorurteilslos auf alle zu(ging)"*; weder war er *„unterwürfig und kleinmütig den Großen noch überheblich und aufgeblasen gegenüber den sogenannten kleinen Leuten. Er verbog sich nicht, war offen und gerade, und dies verlieh ihm eine Authentizität, durch die er seine Mitmenschen für sich einnahm."*

Dies kann und soll uns sowohl mutiger als auch demütiger machen.

Martin Groß

KLAUS STOEVESANDT: **VON LAMBARENE INS NATIONALSOZIALISTISCH BESETZTE FRANKREICH. MITARBEITER SCHWEITZERS IM WIDERSTAND GEGEN DIE RASSISTISCHE BARBAREI** (LAMBARENE – EINE SCHULE DER MENSCHLICHKEIT – AUCH FÜR UNSERE ZEIT). OFFENBACH AM MAIN 2024, 80 S.

Hochaktuell ist die von Klaus Stoevesandt verfasste, vom Deutschen Hilfsverein für das Albert-Schweitzer-Spital herausgegebene Abhandlung „*Von Lambarene ins nationalsozialistisch besetzte Frankreich*“, eine Studie über gelebte Menschlichkeit aktiv handelnder Männer und Frauen während der NAZI-Herrschaft. Im Verlauf von etwas weniger als 80 Seiten erfährt man profund und bestens recherchiert vom aktiven Widerstand aus dem Kreis der Mitarbeiterschaft Schweitzers gegen die rassistische Barbarei während des Zweiten Weltkrieges. Schon das Titelblatt zeugt davon, dass es Klaus Stoevesandt um mehr geht als um die Darstellung geschichtlicher und biographischer Fakten. Es geht um Menschlichkeit im Denken und Handeln, ganz im Geiste von Albert Schweitzer. Wie er gelebt hat, grenzenlos und radikal menschlich, so agierten auch seine Mitarbeiterinnen und Mitarbeiter in der Zeit, als die barbarische NAZI-Herrschaft sich in und über Europa hinaus ausbreitete. Und noch mehr: Die Schrift forciert Lambarene und mit Lambarene Albert Schweitzers Ethik der Ehrfurcht vor allem Leben zu einer Schule der Menschlichkeit, auch für unsere Zeit.

Insbesondere geht es bei Klaus Stoevesandts Traktat um ganz mutige Menschen, die Ärzte Dr. Roger Le Forestier, Dr. Heinz Barasch, Dr. Victor Nessmann und einer weiteren Albert Schweitzer eng verbundenen Mitarbeiterschaft, die sich während der NAZI-Herrschaft gegen den menschenverachtenden Zeitgeist stellten.

Sie retteten unter Einsatz ihres Lebens sehr viele Menschen vor der Vernichtung, wurden schließlich selber Opfer des Terrors von SS und Gestapo. Dabei erfährt man über diese mutigen Menschenretter sehr viel Biographisches und wie ihr Leben und Wirken mit Albert Schweitzer verbunden war.

Immer schwingt im Hintergrund mit, dass auch heute ernst zu nehmende Gefährdungen aus dem rechtsradikalen Lager für unsere freiheitliche demokratische Grundordnung ausgehen. Man erfährt, dass Albert Schweitzer vor der barbarischen NAZI-Diktatur eindringlich gewarnt hatte, er große Sorge hatte vor der Missachtung menschlichen Denkens und Handelns. Auch nach dem Ende der NAZI-Herrschaft blieb bei ihm die Sorge darüber. Er ist zerknirscht und erschüttert auch ob des schlimmen Schicksals, derer, die aus Lambarene nach Europa gingen, derer, denen er eng verbunden war, um lebensrettend zu helfen. Die Sorge wurde, so erfährt man im letzten Viertel der Abhandlung, auch von Helene Schweitzer geteilt und geäußert. Sie, die Tochter einer jüdischen Familie, eine Frau aus Preußen, dann Wahlelsässerin, und eine, die schon nach dem Ersten Weltkrieg ihrer Heimat beraubt war, eine Paria im wahrsten Sinne des Wortes, fürchtet sich mit Albert Schweitzer so sehr vor der Missachtung menschlichen Denkens und Handelns, dass sie 1952 schreibt:

„Es ist so schrecklich, dass, wenn die Welt sich von einem Ungeheuer wie Hitler befreit, immer schon andere in den Kulissen warten, um seinen Platz einzunehmen ... Die Menschen lassen sich völlig verderben durch den Einfluss solcher Männer. Ich habe viele in Deutschland gekannt, denen es so ergangen ist. Ich habe gesehen, wie gute, anständige Menschen zu Mördern und Sadisten wurden.“

„Von Lambarene ins nationalsozialistische Frankreich“ wird von Klaus Stoevesandt bescheiden als eine *„kleine Schrift“* deklariert. Vom Umfang ist es eine *„kleine Schrift“*, ja, vom Inhalt jedoch groß, gewichtig und in weiten Teilen erschütternd. Keine Chronologie des Geschehens, eher ein Mosaik über *„die Not von Menschen, die im Letzten noch um Möglichkeiten der humanen Hilfe und der Rettung von Menschenleben gerungen haben“*. Dabei lenkt Stoevesandt immer wieder seinen Blick auf unser aktuelles Dasein. Seine eindringlichen Hinweise auf das aktuelle politische Zeitgeschehen zeigen in erschreckender Weise, wo wir politisch stehen. Umso mehr fordert uns diese Schrift auf, mutig zu sein, wenn es um grenzenloses

menschliches Denken und Handeln in Achtung vor allem Leben im Geiste Albert Schweitzers geht. Und: Diese Schrift sollte zur Schullektüre erhoben werden als Lehrwerk zur Menschlichkeit. Mit einer solchen Schrift würde auch Albert Schweitzer mit seiner allumfassenden Ethik wieder Einzug in die Schulen halten.

Anhang

Die Nachricht der Verleihung des Friedensnobelpreises kommt in Lambarene an

Autorenverzeichnis

MARTIN GROSS
Kirchenmusiker, Organist, Chorleiter und Komponist, Journalist; Studium der Kirchenmusik, Musikwissenschaft, Philosophie und Physik; Redaktionsleiter bei der Privaten Rundfunkgesellschaft Ortenau, danach Koordinator der Geschäftsleitung für privaten Rundfunk bei der Zeitungsgruppe WAZ in Essen. Zur Zeit evangelischer Kirchenmusiker als Chorleiter, Projektleiter und Organist in Lahr/Ortenau und Friesenheim/Ortenau. Martin Groß hat schon in frühester Kindheit durch seine als Sängerin tätige Mutter, später durch seine Lehrer und Professoren Bach und seine Musik kennen und lieben gelernt. Bei seinen Konzerten im In- und Ausland steht die Musik Johann Sebastian Bachs im Mittelpunkt. Seine Kompositionen sind geprägt von Musikerfahrungen beim Studium der Musik von Xenakis, Messiaen und Ligeti, fußen aber strukturell auf der Musik Johann Sebastian Bachs. Im Rahmen der von ihm in Namibia initiierten *„AKTION MUSIK HILFT MENSCHEN“* stellt er im Rahmen von Benefizkonzerten die Musik in den caritativen Dienst. Seit 2021 stellvertretender Vorsitzender der Stiftung Deutsches Albert-Schweitzer-Zentrum Frankfurt a. M.

EDZARD KRÜCKEBERG
Geb.1948 in Buckow/Brandenburg, Dr. phil., ist in Stade/Elbe zur Schule gegangen, hat in Tübingen und Münster Germanistik, Philosophie und Ev. Theologie studiert und im Fach Germanistik promoviert. Er war Lehrer am Geschwister-Scholl-Gymnasium in Unna/Westfalen und führt seine Aktivitäten in der Schulkultur jetzt im Rahmen einer Kirchengemeinde in der hessischen Rhön fort.

DANIEL NEUHOFF
Geb. 1966, Dr. rer.nat., ist als Hochschuldozent für Ökologischen Landbau im Institut für Nutzpflanzenwissenschaften und Ressourcenschutz der Universität Bonn tätig. Seit 2007 ist er im Vorstand des DHV als Schriftführer tätig. Von 2014 bis 2018 war er der deutsche Vertreter in der FISL. Sein menschliches Interesse an Albert Schweitzer ist von großer Dankbarkeit für dessen ständige Ermutigung zur Ethik der Tat geprägt.

KONSTANZE SCHIEDECK

Geb.1943, Oberstudienrätin i. R., Studium der Evangelischen Theologie, Germanistik, Pädagogik, Philosophie. Seit 2002 Kreisbeauftragte der Evangelischen Landeskirche Hannover für Frauenarbeit für den Kirchenkreis Göttingen-Hildesheim. U. a. Vortragstätigkeit über Länder des Weltgebetstages seit 40 Jahren und über das Ehepaar Schweitzer. Mitglied der Kirchensynode in Göttingen-Münden. Seit 2007 im Vorstand des Deutschen Hilfsvereins für das Albert-Schweitzer-Spital in Lambarene e V., seit 2019 stellvertretende Vorsitzende.

GOTTFRIED SCHÜZ

Geb. 1950, Dr. phil., Studium für das Lehramt an Grund- und Hauptschulen und Schuldienst in Rheinland-Pfalz. 1994 bis 2014 Leiter des Staatl. Studienseminars für dieses Lehramt in Mainz. Zweitstudium der Philosophie, Evang. Theologie und Pädagogik mit Promotion in Philosophie an der Johannes-Gutenberg-Universität Mainz. Seit 2006 Vorsitzender der Stiftung Deutsches Albert-Schweitzer-Zentrum Frankfurt am Main. Zahlreiche Veröffentlichungen und Vorträge zur Pädagogik, Lehrerbildung, philosophischen Anthropologie und Ethik, vor allem über das Werk Albert Schweitzers.

ALBERT SCHWEITZER

1875-1965, Prof. Dr. phil., Lic. theol. (dem „Dr." vergleichbar), Dr. med., Organist und Orgelexperte, nach dem Studium der Philosophie, Ev. Theologie und Musikwissenschaft Vikariat an St. Nicolai in Straßburg und Habilitation für das Neue Testament. Nach seiner Tätigkeit als Privatdozent und Konzertorganist Studium der Medizin. 1913 Aufgabe aller seiner Ämter und Übersiedlung nach Lambarene (Gabun) zusammen mit seiner Frau Helene Bresslau. Aufbau eines Urwaldspitals, Tätigkeit als Urwaldarzt daneben Abfassung eines umfangreichen geistigen Werks, insb. der Begründung der Ethik der „Ehrfurcht vor dem Leben". Zahlreiche Ehrendoktorwürden, Preise und Auszeichnungen, u.a. Friedenspreis des Deutschen Buchhandels und Friedensnobelpreis (für 1952). Viele Auslandsreisen, Konzerte und Vorträge, mit deren Honoraren er den Spitalaufbau und -unterhalt finanzierte.

ROLAND WOLF

Geb. 1948, Dr. phil., Studium der Romanistik und Geographie; Studiendirektor i. R. Arbeitete von 1987–1993 als Fachberater und Lehrer für Deutsch in Gabun. Damals erste Kontakte mit dem Albert-Schweitzer-Spital in Lambarene. Seit 1997 aktiv im Vorstand des DHV (Vorsitzender von 1998–2001), von 1996 bis 2014 Vertreter des DHV in der Internationalen Stiftung für das Albert-Schweitzer-Spital in Lambarene (FISL), und von 2014 bis 2019 Vertreter der AISL, von 2007–2010 Präsident des Stiftungsrats. Von 2001 bis 2019 führte er 32 Reisegruppen nach Lambarene. Seit Mai 2019 ist er wieder Vorsitzender des DHV.

IGOR WROBLEWSKI

Geb. 1981, Dr. phil., Studium der Philosophie in Breslau und Tübingen (Promotion über Willensfreiheitsproblematik bei Peter Bieri und Daniel Dennett, betreut von Prof. Dr. Johannes Brachtendorf und Prof. Dr. Uwe Meixner), ist seit Jahren als selbstständiger Philosophiedozent an mehreren Volkshochschulen in Baden-Württemberg tätig. Seine Schwerpunkte sind Philosophie des Geistes, Ethik und Geschichte der Philosophie. Darüber hinaus bietet er Veranstaltungen über philosophische Aspekte im künsterlischen Werk von ausgewählten Pop-/Rock- und Electro-KünsterInnen. Seit Anfang 2023 arbeitet er als Lehrer an einer privaten Kaufmännischen Schule in Waiblingen, wo er Ethik und Geschichte unterrichtet. Hobbys: Musik, Kochen, lange Strecken laufen (gerne dabei philosophierend), Tango tanzen.

CHRISTOPH WYSS

Geb. 1957, diplomierter Kulturingenieur ETH und Ingenieur-Geometer. Besitzer eines eigenen Vermessungsbüros. Verheiratet und Vater zweier Kinder. Erste Bekanntschaft mit dem Leben und Werk Albert Schweitzers durch die Grossmutter und das Buch *„Mein Onkel Bery“*. Seit 1995 aktiv im Albert-Schweitzer-Werk in der Schweiz und in der AISL; zuerst durch das Erstellen der Internetseite Schweitzer.org, dann als Mitglied im Comité Directeur der AISL und seit Mai 2001 als Präsident der Internationalen Albert-Schweitzer-Vereinigung. Von 2001 bis 2013 im Stiftungsrat des Spitals in Lambarene.

Zu den Rundbriefen

Begründet wurden die Rundbriefe von Richard Kik, zuerst in Form von eher privaten Mitteilungen an Mitglieder des Freundeskreises um Albert Schweitzer. Im August 1947 hat er dann die erste Nummer des Rundbriefes mit einem Umfang von acht Seiten versendet. Der eigentlich erste *„richtige“* Rundbrief, der Rundbrief Nr. 2, wurde dann im Januar 1952 zum 77. Geburtstag von Albert Schweitzer herausgegeben.

Bestanden die ersten Rundbriefe noch aus kleinen Mitteilungen und Briefauszügen von Helfern, Freunden wie auch von Albert Schweitzer selbst, so erweiterte sie Richard Kik dann in der Folgezeit mit Schilderungen, Berichten, Zeitungsausschnitten und Essays.

Nach dem Tod von Richard Kik führte dessen Frau Mine die redaktionelle Arbeit der Rundbriefe bis 1977 fort. Ihr folgten Manfred Hänisch (bis 1992) und Hans-Peter Anders. Seit der Ausgabe Dezember 2001 ist die Redaktion direkt dem Vorstand des Deutschen Hilfsvereins für das Albert-Schweitzer-Spital in Lambarene e.V. und dem jeweiligen Vorsitzenden unterstellt: Tomaso Carnetto bis Ausgabe Nr. 96 (2004) und Dr. phil. Karsten Weber bis 2006. Von 2007 (Ausgabe Nr. 99) bis 2019 (Ausgabe Nr. 111) war Dr. med. Einhard Weber verantwortlicher Redakteur der Rundbriefe; 2020 hat dies Dr. Roland Wolf mit der Ausgabe Nr. 112 übernommen.

Gab es seit Beginn der Herausgabe der Rundbriefe pro Jahr zwei Ausgaben, so erscheint der Rundbrief seit 2002 nun einmal jährlich und dazu drei- bis viermal pro Jahr Albert-Schweitzer-Aktuell (ASA).

Impressum

MENSCHLICHKEIT UND FRIEDEN
RUNDBRIEF-AUSGABE NR. 116
JAHRBUCH 2024 FÜR DIE FREUNDE VON ALBERT SCHWEITZER

ISBN: 978-3-9824432-3-2

Herausgeber
Dr. Roland Wolf (V.i.S.d.P.)
Deutscher Hilfsverein für das Albert-Schweitzer-Spital in Lambarene e. V., Juni 2024
Ludo-Mayer-Straße 1, 63065 Offenbach am Main
info@albert-schweitzer-zentrum.de
www.albert-schweitzer-heute.de

Die Adressen der Autoren dieser Ausgabe sind bei Bedarf vom Deutschen Albert-Schweitzer-Zentrum zu erfragen.

Die Inhalte der Beiträge geben nicht unbedingt die Meinung der Redaktion wieder.

Redaktion: Dr. Gottfried Schüz, Dr. Roland Wolf

Gestaltung, Satz: Redhome Design, Nana Cunz

Bildnachweis: Umschlag: Fotos aus dem Archiv des DASZ / Archiv Günsbach: Albert und Helene Schweitzer 1954 in Oslo (U1); Albert Schweitzer während der Dankesrede für den Friedensnobelpreis in Oslo, 1954 (U2/U3); Die Urkunde des Friedensnobelpreises, den Albert Schweitzer 1953 für das Jahr 1952 erhielt und 1954 entgegennahm (U4)
Inhalt: Archiv des DASZ / Archiv Günsbach (Seite 2/3, 8/9, 24, 36, 40, 52, 75, 109, 115)
Dr. Roland Wolf (Seite 92/93, 96/97, 98/99)
Edzard Krückeberg: (Seite 100, 103)
Christoph Wyss (Seite 104)

Gedruckt auf 100 % Recycling-Papier